アメリカ現代思想の教室

リベラリズムからポスト資本主義まで

岡本裕一朗
Okamoto Yuichiro

PHP新書

序章

トランプ以後、思想のルールが変わった！

今日《こんにち》、アメリカ現代思想を書こうとすれば、以前と同じようなアプローチは断念しなければならない。かつては、取り上げる内容が少しばかり違っていても、暗黙のうちに共通の前提が存在していた。たとえば、1970年代のリベラリズム論争から始め、その展開を描いていくのが、ルールとなっていたのだ。

ところが、すっかりルールが変わったのである。いったい何が起こったのだろうか。2016年に実施された大統領選挙で、泡沫《ほうまつ》候補と見なされていた共和党のドナルド・トランプが、予想を裏切って多くの支持を集め、選挙に勝利したのだ。

バラク・オバマが大統領に就任したときも、たしかに歴史的な転換が語られた。何と言っても、アメリカに黒人初の大統領が誕生したからだ。しかしながら、オバマが大統領になったのは、1950年代から起こった公民権運動の帰結と考えることができる。その点では、いつかは「黒人初の大統領」が誕生するだろう、という予測はされていた。同じように、やがて「女性初の大統領」や「黒人女性初の大統領」が誕生することは、それほど無理なく予想できるだろう。

それに対して、トランプの大統領就任は、こうした流れとはまったく逆行するものに見えたのである。今までアメリカで育てられてきた自由や民主主義——これに公然と反旗を翻《ひるがえ》すかの言動を繰り返したのが、トランプだった。そして、何より驚きだったのは、こうした歴史のねじを逆に回すようなトランプの方針が、あろうことか、多くの国民に支持されたことである。

だとすれば、いま起こっているのは、たんにトランプ個人の問題というより、アメリカという国全体が大きく変わり始めていることだ、と考えるべきだろう。アメリカはこれまで、世界に開かれた自由と民主主義の国と思われていた。ところが、そうした国家のアイデンティティが、いま変わり始めているのではないだろうか。

この変化をどう評価するかは別にして、私たちは今後、まったく違った評価軸をもつ必要が出てきたと言ってよい。トランプ以前と以後では、思想のルールがまったく変わってしまったのだ。これを確認することから、アメリカ現代思想は始めなくてはならない。

では、トランプ以前と以後で、いったい何がどう変わったのだろうか。

大手メディアからSNSへ

目につく変化として、メディアの役割に注目してみよう。トランプ以前であれば、大統領の重要な政策や方針などは、新聞やテレビなどの大手メディアを中心に発表されていた。ところがトランプは、こうしたメディアの報道を「フェイク・ニュース」と批判し、むしろTwitterなどのSNSを通して重大な案件を呟《つぶや》くようになった。

興味深いのは、トランプがSNSの特性をよく理解し、十分活用したことである。たとえば、選挙期間中のもので、次のような発信はご存じのことであろう。

ヒラリーは夫さえ満足させられないのに、どうして米国を満足させられるなんて思えるんだ？

〈既存メディアと現代メディアの対立が起こるようになった〉

ただし、これは彼の発言ではなく、あくまでもシェアしたものなのだが、トランプ派の戦略を浮き彫りにしている。というのも、こういった情報は、既存のメディアでは流せないからだ。たとえば、CNNで突然こんな発言が流れたら、誰だって耳を疑うだろう。

じっさいTwitterでさえ、このツイートは後に削除されている。しかし、ヒラリーの夫（ビル・クリントン）のスキャンダルをほとんどの国民が知っていることを考えると、上品かどうかは別にして、読んだ人は思わず笑いながら、同意するかもしれない。

トランプにとって、既存のメディアは（民主党寄りだったことは差し引いても）いわば敵対勢力のようなものだった。したがって、SNSのような現代風のメディアを使わざるをえなかったのだが、それを有効に使うことによって、かえって多くの支持者を獲得したわけである。

これは、21世紀になってからメディアの勢力分布が、大きく変わり始めていたことにもとづいている。トランプはこの変化を十分踏まえたうえで、そのもっとも有効な使い方を実施したわけである。

ＳＮＳにおけるメディアの特徴は、短い言葉や映像をリアルタイムで発信でき、反響をダイレクトに摑《つか》むことができることにある。だらだらと長い文章を書くより、感情に訴えるよう短く発信すること。理性的な人間をターゲットにするのではなく、国民の無意識的な欲望にじかに訴えることが重要なのだ。

このように見ると、トランプがひき起こした変化は、たんにメディアだけの問題ではなく、もっと深いレベルでの地殻変動であることが予想できるのではないだろうか。トランプは、ＳＮＳという現代メディアを使って、国民の無意識的な欲望を喚起しながら、大きな支持を生み出していったのである。

補足として言っておけば、ナチス・ドイツは、当時勃興しつつあったラジオや映画といったメディアを有効に使いながら、国民からの熱狂的な支持を取りつけていった。トランプ側がこれを意識していたかどうかは分からないが、メディアのあり方や国民の無意識については、十分理解していたに違いない。

反知性主義か？

２０１６年の大統領選挙でトランプが勝利するころから、「反知性主義（Anti-intellectualism）」という言葉が流行り出した。もともとは、リチャード・ホフスタッター（１９１６―７０）が１９６３年に出版した『アメリカの反知性主義』に由来した言葉である。

それによると、アメリカは建国以来「知性に対する憎悪」（反知性主義）が底流にあり、ときに応じてそれが噴出し、社会の中に深い対立を生みだすとされる。トランプが大統領選挙で勝利したのは、まさに「反知性主義」の現代的な表われだと見なされたのだ。

たしかに、民主党のオバマ大統領のときは、演説にしても記者会見にしても、理路整然とした形で行なわれていた。これは、知性主義と呼ぶこともできる態度であろう。それに比べ、トランプの場合は、感情むき出しで、話も上品ではなく、あたかも「反知性主義」に見えたかもしれない。したがって、トランプの勝利は、まさに「反知性主義の勝利」と言いたくなるだろう。

しかし、トランプを「反知性主義」と規定したところで、何も分からないだろう。というのも、「知性主義か反知性主義か」ということが選挙で問題になったわけではないからだ。

そもそも、トランプを支持した人が、すべて「反知性主義」であったわけではない。

おそらく、トランプを批判する人たちは、「トランプ派＝反知性主義＝無知な大衆」といった図式を前提としたのであろう。しかしながら、これはあまりにもステレオタイプな見方と言うべきである。

では、トランプ派の戦略を理解するには、どう表現したらいいのだろうか。トランプがSNSを使ったメディアにおいて訴えたとき、いったい何を問題にしたのかが重要である。それをここでは、人々が抱く「無意識的な欲望」と呼ぶことにしよう。トランプは巧みなメディア戦略によって、こうした無意識的な欲望を喚起し、それに表現を与えていったように見える。

もちろん、国民の無意識的な欲望に働きかけるのは、トランプ派だけではない。他の陣営にしても、同じように働きかけている。それにもかかわらず、人々がトランプを選んだとすれば、トランプ派のスローガンのうちに、自分たちの欲望の表現を見出したのである。

それでは、国民の無意識的な欲望を、いったいどう理解したらいいのだろうか。それが最もよく分かるのは、通称「ＰＣ」と呼ばれる「ポリティカル・コレクトネス」に対するトランプの態度である。

〈無意識的な欲望の喚起〉

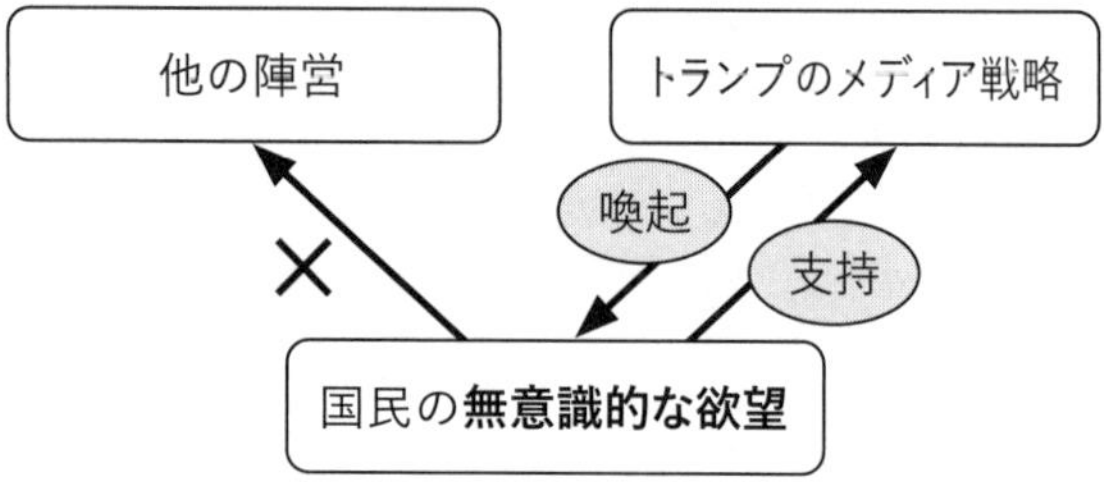

というのは、トランプはしばしば、「ポリティカリー・コレクト（politically correct）でないのは分かっているが、……」という形で言い訳をしたうえで、彼のホンネを語るのである。そしてこのホンネは、通常は表現するのが禁止されている人々のホンネでもある。こうして、国民の側としては、トランプの発言を聞きながら、思わず納得するという仕掛けになっている。

ＰＣなんてクソくらえ！

「ポリティカル・コレクトネス」について言えば、アメリカで１９８０年代ごろから一般的に使われるようになった言葉で、人種・宗教・性別などにかんして差別や偏見を含まないように、表現や用語に注意することだ。最近は、日本でも同じような傾向が見られるので、言葉は別として、よく知られているだろう。以前だったら、ごく普通に使っていた言葉でも、今ではいろいろな言葉が「差別語」として、使用されなくなっている。

たとえば、「インディアン」は「ネイティブ・アメリカン」、「黒人」は「アフリカ系アメリカ人」、「ビジネスマン」は「ビジネスパーソン」などは、すでに一般化している。さらには、他の宗教を考えると、「メリー・クリスマス」さえ言えなくなっている。

これは、社会で地位を確立したエリート層にとって、とくに重大問題と言えるだろう。PCで定められた暗黙のルールを破ると、人々から糾弾《きゅうだん》され社会からも葬られることにもなりかねない。こうして、最近では、過剰とも言える傾向が生み出され、ますますエスカレートしている。

たとえば、以前だったら「人間」や「人類」を表現するとき、「man」を使い、代名詞としては「he」で受けていたのが、PCでは「女性差別」ということで許されなくなる。そのため、けっこう煩雑な表現をせざるをえなくなるのである。

これに対して、トランプはあっさりと公言するのである。「この国にはPCなバカが多すぎる！」あるいは、「アメリカが抱える大きな問題は、ポリティカル・コレクトネスだと思う」。——これを見て、溜飲《りゅういん》が下がる思いをした国民は少なくなかっただろう。

今まで、政治家にしても、エリートにしても、PCを攻撃することは、できるだけ避けてきた。「タブー視」してきたと言った方がいい。心の中では、PCのルールに必ずしもすべて同意するわけではないとしても、異議を唱えることは得策ではないと考えていたのである。ところが、トランプは、それをあっさり超えてしまったわけである。

PC批判を精神分析的に理解する

こうしたトランプのやり方について、『トランプ現象とアメリカ保守思想』において、会田弘継は次のように述べている。

アメリカのエリートの間には、さまざまな差別的発言に対する自己規制、暗黙のルールができあがっている。暗黙どころか、そのルールを破る言動をしたら差別発言、ハラスメントとして懲戒を受けたり、大学であれば退学になることもある。ポリティカル・コレクトネス（PC）、政治的に正しい発言かどうかが、日本とは比べものにならないほど重要なのだ。
トランプはこれに徹底的に叛逆してみせる。エリート文化を攻撃する。おまえたち政治家がそんな偽善をやっている間にアメリカは衰退していくばかりだ、と怒りをぶつけ、

〈PC批判に支持が集まる構造〉

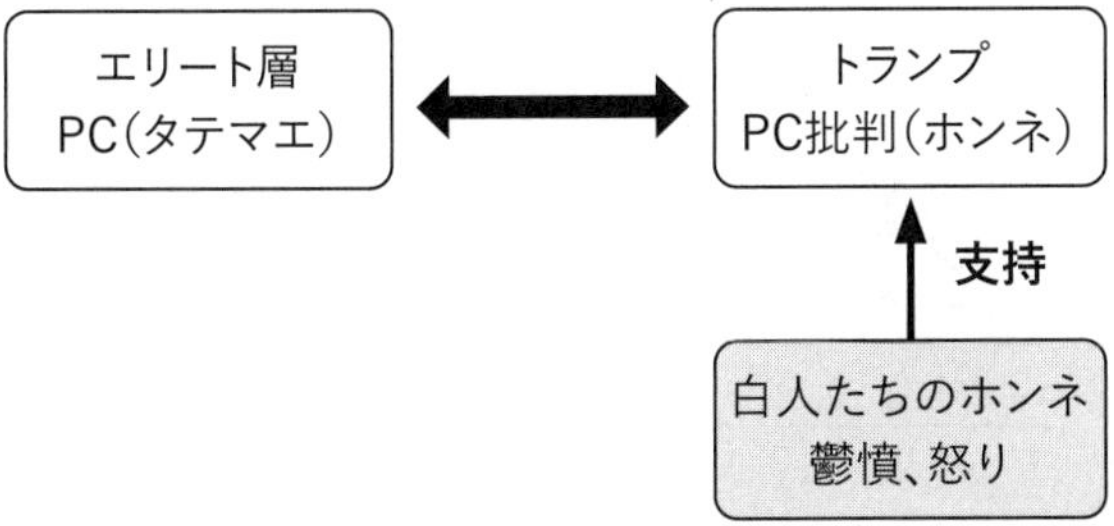

> 喝采を浴びる。（……）中南米系移民やイスラム移民の排撃はPCでは許されない。もしそうした主張をしたければ慎重にコードワード（暗号）を使うのがPCの世界だ。（……）それに対し、コードワードはいらない、本音でやろうじゃないかと彼がいうとき、白人たちが心の底に抱えていた鬱憤や怒りに火がつく。トランプはそれをうまく掬い上げている。
>
> （会田弘継『トランプ現象とアメリカ保守思想』）

ここで説明されていることを、図示してみよう。そうすると、上図のような構図が見えてくるはずだ。

この構図をさらに、精神分析学的に理解するとどうなるだろうか。精神分析学によると、心には意識的な部分と、無意識的な部分がある。意識的な部分は良識的な態度をとるのに対して、無意識的な部分は感情的で良識に反する欲望をもつ

〈トランプ支持の心理〉

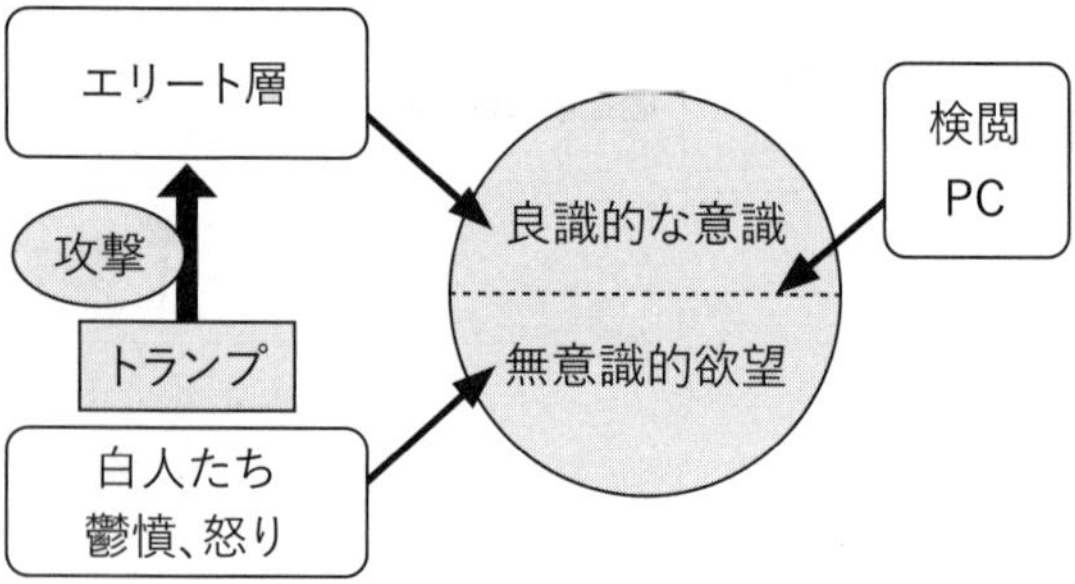

とされる。この二つの間には、抑圧のはたらきとして、検閲が行なわれる。これをトランプの場合に適用して図示すると、上図のようになるだろう。

このように見ると、トランプは白人たちの無意識的な欲望を、いわば代弁していると言えるだろう。今まで、PC的に抑圧され、検閲されて表に出すことができなかった鬱《うっ》憤《ぷん》や怒りといったホンネの部分を、トランプはすっきりと表現してくれたわけである。こうして、トランプはPCを攻撃しつつ、国民の無意識を掬《すく》い上げていったのである。

リベラル・デモクラシーの問題点を探る

このように見ると、トランプが何を変えたのかが分かってくるのではないだろうか。今まで、政治でも思想でも公言することができず、たえず抑圧されてきたホンネの欲望――これが噴出するようになったのである。そして、それを表現する思想が新たに生まれつつある。

今まで、アメリカの現代思想と言えば、言ってみれば、ＰＣのコードにしっかりと守られたタテマエの思想だった。良識的な意識を代表するエリート層の思想と言ったらいいかもしれない。

それをひとまず、「リベラル・デモクラシー」派（以下、リベラル派）と呼ぶことにしよう。ＰＣが１９８０年代に広まるとき、リベラル派が提唱した「アファーマティブ・アクション」が大きな力になったことはよく知られている。これは、「積極的是正措置」とも訳され、差別を撤廃するために就職や入試などで弱者集団を優遇するものだ。具体的には、アフリカ系や南米系の人には点数が加算され、素点の高い白人の学生よりも入学しやすくなる。

また、ＰＣが浸透したのは、グローバリゼーションの進展によって、多文化主義が強調されたことも影響している。こうした多文化主義の基本にあるのは、多様な集団の平等性であり、それを支えるのがデモクラシーとされている。

このように考えると、今までのほとんどの思想が、この中に入ってしまうのである。リベラル・デモクラシーを公然と批判する思想が、はたしてあっただろうか。そんな主張をすれば、おそらくナチス・ドイツの再来（ネオナチ）と見なされ、国民から支持されることはないだろう。ところが、トランプはまさに、これを批判のターゲットにしたのだ。

したがって、今までの思想のルールが、トランプによってすっかり根底から変わり始めたと考えなくてはならない。しかし、リベラル・デモクラシーのどこに問題があったのだろうか。

そこで、こうしたリベラル・デモクラシーの思想を1970年代にさかのぼって追究し、そこから今日まで何が起こっているのかを確認することにしたい。そして、それがいま根底から変わるとすれば、その理由はどこにあるのだろうか。これを明らかにするのが、本書のねらいである。そのため本書では、全体を二つの部分に分けることにする。

第1部では、「リベラルとその周辺」と題して、「リベラル」が引き起こすさまざまな論争を取り上げる。これに対して、第2部では「デモクラシーとその彼方」と題して、「デモクラシー」の抱える限界を考える。トランプが登場したのは、1970年代から始まった「リベラル・デモクラシー」の最後の局面である。

たしかに、トランプは2020年の大統領選で敗北したが、彼によって明らかになった問題は、まだまだ続いている。むしろ、これから本格化するのではないだろうか。実際のところ、トランプ人気はまだ衰えたわけではないし、今後復活しないとも限らない。

トランプが引き起こした現象を「トランプ革命」と呼ぶとすれば、それを生み出した民衆のマグマはまだ続いている。だとすれば、トランプの登場によって、思想の何が変わったのかは、ぜひとも確認しておくべきであろう。

全体の内容について

これから議論するに先だって、全体の内容についてかんたんに述べておくことにする。個々の議論に目を奪われていると、全体の方向を見失う恐れもある。そこで端的に流れをあらかじめ示しておきたい。

まず、第1章では、リベラリズム論争にフォーカスして、ロールズとノージックの思想を取り扱う。ここでは、その後の論争の起点となる論点が提出される。しかし、ある意味では、この論争は今日あらためて形を変えて再現されている、と考えることもできる。そのため、ノージックの思想は、第2部で独立して取り扱うこともできたが、歴史的な順序にしたがって、ロールズと対にして論じている。

つづく第2章では、リベラリズムとリバタリアニズムを批判したコミュニタリアニズムを取り上げる。そのさい、サンデルとテイラーの議論を検討する。彼らのリベラリズム批判も大切だが、いっそう重要なのは彼らの思想が我々をどこへ導くのかである。サンデルは日本でもよく知られ、人気の思想家である。しかし、コミュニタリアンとしての思想は、意外と理解されていない。また、テイラーの多文化主義についても、それがはらむ問題点はあまり検討されていない。こうした状況を見ると、コミュニタリアニズムは亡霊ではないかと思えてくるだろう。

さらに第3章では、ローティのプラグマティズムについて、それがどう変化していったのかを明らかにする。このとき興味深いのは、リベラリズムへの態度と、文化左翼批判からアメリカ主義へと回帰していくことだ。ローティの身軽な変貌を追跡しながら、リベラリズムや文化左翼（PCもその一つ）の意味を考え直すことにする。ローティの最後の立場から、その先にトランプが見えてくるかもしれない。

ここまでが、第1部で論じられる。次の第2部も三つの章に分かれている。第2部では、70年代から始まったリベラル思想が、ほころびを見せ始める過程を確認することになるだろう。

第4章では、フランシス・フクヤマが提起した「歴史の終わり」について、その妥当性をあらためて論じる。共産主義の崩壊によって、いったんは終わったかに見えた「歴史」は、その後さまざまな対立を生みだし、新たに始動している。そこで生み出される対立とは、どのようなものだろうか。「〈歴史の終わり〉の終わり」が、次の時代のために問い直されなくてはならない。

第5章は、デモクラシーを批判する新たな思想を取り上げる。アメリカ西海岸で始まったサイバーテクノロジーは、新反動主義と呼ばれる政治思想を生み出し、近代西洋の外へと歩みだそうとしている。デモクラシー批判を公然と行ない、人類の平等性を投げ捨てようとしている。ここに、トランプ革命が起こった思想的な拠点を見出すことができるだろう。

第6章では、デモクラシーの彼方に何を求めるのか、についての議論をテーマとする。今までアメリカ思想において、社会主義はほとんど問題にならなかった。ところが、新たな可能性として、社会主義が提唱され、若い世代から支持を集めている。こうした方向は、今後どのような道を歩むのだろうか。社会主義アメリカは可能だろうか。トランプ革命時の状況に立ち返って、あらためて考えてみよう。

アメリカ現代思想の教室

●目次

序章

トランプ以後、思想のルールが変わった！

第1部　リベラルとその周辺

第1章

リベラリズムとリバタリアニズム

第2章　コミュニタリアニズムという亡霊

第3章

プラグマティズムに回帰するアメリカ

第5章 リバタリアニズムから新反動主義へ

第6章 リベラル・デモクラシーは社会主義で乗りこえられるか？

第1部

リベラルとその周辺

本書の前半をなす第1部で取り上げるのは、「リベラリズム」をめぐる攻防である。とはいえ、あらかじめ注意しておけば、「リベラリズム」という言葉は多義的であり、地域と時代によって大きく異なっている。

近代の市民革命を担った思想としては古いが、「リベラリズム」という言葉じたいはそれほど昔のことではなく、英語で使われたのは19世紀の初めとされている。アメリカでの使い方については、後で述べることにして、「リベラリズム」そのものは伝統的な思想と言ってよい。これがアメリカ現代思想となるのは、ジョン・ロールズ（1921―2002）が1970年代になって『正義論』を出版したことによる。

ロールズの『正義論』は、発表されるやいなや国内だけでなく世界的なブームとなって、「リベラリズム」の流行を生み出していった。こうして、今まで現代思想の発信地として注目されていたフランスやドイツに代わって、アメリカに注目が集まることになった。これ以後、現代思想を語るときアメリカを無視することができなくなっている。その点でも、アメリカ現代思想は『正義論』が提示した「リベラリズム」から始めなくてはならない。

大きく分けると、1970年代はロールズの「リベラリズム」と、それに対抗する思想として発表されたロバート・ノージック（1938―2002）の「リバタリアニズム」の間の論争と言ってよい。両者は同じ「自由」にもとづきながら、まったく違った思想を描き出したのである。興味深いのは、この直接的な論争とは別に、現実世界のなかで二つは広がりを見せ、21世紀になって新たな展開を示している。

次に取り扱うのは、80年代に展開された「リベラリズム」に対する批判である。これは一般に、「コミュニタリアニズム」と呼ばれ「共同体主義」と訳されることもある。この思想の推進者として、ここではマイケル・サンデル（１９５３—）とチャールズ・テイラー（１９３１—）に光を当てる。この二人は日本にもゆかりが深く、サンデルはテレビ番組「ハーバード白熱教室」、テイラーは「京都賞」の受賞でよく知られている。彼らがリベラリズムを批判した後、どんな思想を提示するか、ここに注目したい。

そして最後に見ておきたいのは、リチャード・ローティ（１９３１—２００７）の思想である。彼はもともと、分析哲学のなかで学び、『言語論的転回』という分析哲学のアンソロジーを編集している。主著となる『哲学と自然の鏡』で世界的な思想家の仲間入りをすることになった。その後彼は、アメリカの伝統的な思想である「プラグマティズム」を新たに解釈し、ネオ・プラグマティストとしてアメリカを代表する哲学者となった。そのローティが、80年代になると「リベラリズム」へと接近し、論争に参加するとともに、20世紀末頃からは「文化左翼」というPC派を厳しく批判し、祖国アメリカを礼讃《らいさん》するにいたっている。いわばトランプの先取りのような議論を展開したのである。こうした経緯を追跡しながら、リベラリズム論争を終えることにする。

なお、ここで議論される思想をまとめておけば、次のようになる。

1970年代　リベラリズムVSリバタリアニズム
1980年代　コミュニタリアニズムのリベラリズム批判
1990年代　リベラリズムのプラグマティズム的転回

第1章

リベラリズムとリバタリアニズム

年代と共に変わった「リベラリズム」の意味

アメリカの現代思想を始めるにあたって、どこから論じるか？——これは、現代において何が問題になっているかによって決まるだろう。序章で見たように、21世紀になって根本的に揺らいでいるのは、20世紀後半に蓄積されてきたリベラリズムの伝統に他ならない。そこでまず、リベラルが何を形成してきたのか、これを見ておくことにしたい。

しかし、そもそも「リベラル」ないし「リベラリズム」とはどんな思想なのだろうか。単純に考えると、リベラルと言えば「自由主義者」を指し、「リベラリズム」は「自由主義」

〈時代によって変化したリベラルの意味〉

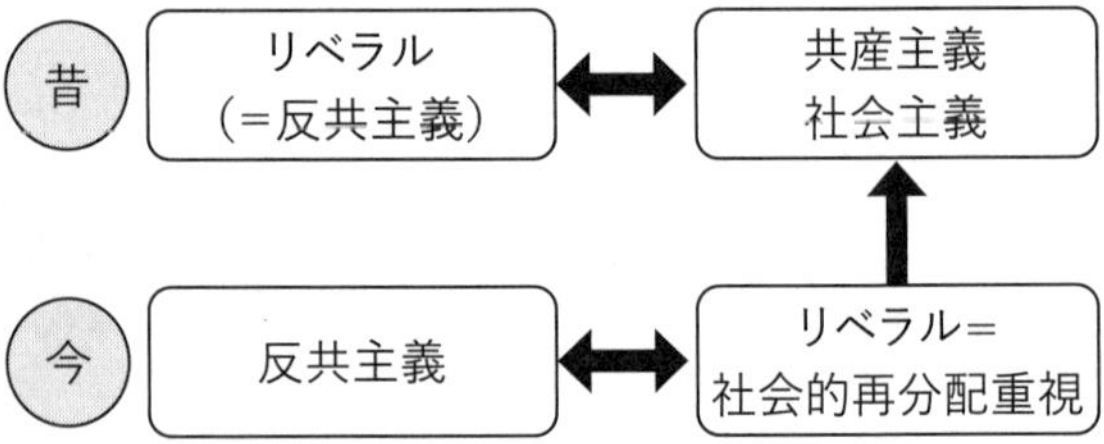

と訳して、何も難しいところはないように思える。それなのに、どうしてわざわざカタカナ書きをするのだろうか。

注意しておきたいのは、奇をてらったり、衒学《げんがく》趣味からカタカナ書きをしているわけではない、ということだ。というのも、ここで問題になる「リベラリズム」は、一般にイメージされる「自由主義」ではないからだ。そもそも、この言葉の意味は、ヨーロッパとアメリカ、さらには日本でそれぞれ微妙に違っているのである。さらに混乱させるのは、地域だけでなく年代とともに、その意味がまったく変わってくるのだ。

たとえば、第二次世界大戦後は「長らく、とくに日本とヨーロッパでは『リベラル』と言えば反共主義の代名詞」とされていた。ところが、最近では、反共主義的な人が「リベラル」に対していちばん声高に批判している。他方、アメリカでは中央政府による福祉政策が「リベラル」と呼ばれ、貧困者を救済するということで「社会主義」と批判されることがある。こうして見ると、いったいぜんたい「リベラル」とは何なのか、分からなくなるのである。

たしかに、「リベラル」と言えば、個人的な自由を重視するのが基本だとしても、その具体的な主張内容においてさまざまに異なっているわけである。そのため、何よりも、アメリカの現代思想において「リベラル」がどう使われてきたか、その意味を確認することから始めることにしよう。

1 ロールズのリベラリズムとは

ロールズの意義

もともと、現代の「リベラリズム（Liberalism）」という考えは、ヨーロッパ由来のもので、19世紀のJ・S・ミルの『自由論』にもとづいている。もっとさかのぼれば、17世紀後半のジョン・ロック（身体・労働の自由論）や、18世紀のアダム・スミス（経済活動の自由放任主義）を挙げることもできるだろう。ミルについて言えば、個人の自由は「他者に危害を与えない」かぎり、尊重されるべきだとされる。そのため、リベラリズムは、経済的には自由放任主義へ向かうことになったのである。

ところが、アメリカでは1930年代ごろから、フランクリン・ルーズベルトが「言論や表現の自由」だけでなく、さらに「欠乏からの自由」を強調するようになって、経済的な弱者の救済という意味で「リベラリズム（Liberalism）」が語られるようになった。

多くの人が経済的に困窮すれば、自由ではなくなるからである。つまり、多くの人が自由であることを求めるのが「リベラリズム」であり、そのため政府による再分配も是認するのだ。これは、政府によって福祉政策や、経済的な雇用対策が行なわれることであり、表面的には社会民主主義と似てくることになる。

かんたんに言えば、個人の自由と弱者救済をセットにしたのが、アメリカ的な「リベラリズム」の伝統と考えるといい。その点では、古典的な自由放任主義的なヨーロッパの「リベラリズム」とは、区別しなくてはならない。

こうした伝統的な用法を継承しながら、「リベラリズム」を新たに理論化したのが、ハーバード大学教授だったジョン・ロールズである。彼は、1971年に『正義論』を出版し、「リベラリズム」理論を原理的に再構築したのだ。その反響は著しいもので、ロールズを擁護するにしろ批判するにしろ、アメリカの政治理論はリベラリズムを中心に動き出したわけである。それ以後は、ロールズの「リベラリズム」の議論を抜きにして、政治理論だけでなく、現代思想を理解することは不可能になっていると言わなくてはならない。

また、ロールズについては、今までヨーロッパ中心に展開されてきた現代思想を、アメリカへと方向転換させた点で、エポック・メーキングな人物と考えることができる。『正義論』で展開された「リベラリズム」は、アメリカだけでなく世界的にも大きな流行を生みだすことになったからだ。政治理論の分野では、「ロールズ産業」と揶揄《やゆ》されるほど、彼の影響は絶大なものである。

ジョン・ロールズ

『正義論』の世界――「無知のベール」とは

ロールズは「リベラリズム」としてどのような思想を提唱したのだろうか。アメリカの「リベラリズム」を「自由主義」とは呼べないとしても、ロールズが個々人の自由を出発点にしているのは間違いない。

リベラリズムにとって出発点となるのは、「多様性の事実」と呼ばれる状況である。――人々の生き方は多種多様であり、個々人はそれぞれ異なる「善き生」の構想をもっている。宗教的信念や道徳的見解もさまざまであって、ときには対立することもある。こうした個々人の「善」の多様性を前提としながら、どのようにして「公正な社会」を形づくるか、つまり公共的な「正義」を実現するか。これが、リベラリズムの根本問題と言える。

この問題を考えるために、ロールズは「無知のベール」という有名な仮定を設定し、思考実験を行っている。「無知のベール」というのは、自分や他人についての個人情報に目隠しをすることだ。つまり、自分が社会でどんな地位か、資産や能力はどうか、といった情報を、まったく無視するわけである。

というのも、こうした条件を前提とすれば、人々は自分の条件に都合のいい選択しか行なわず、公正に考えることができないからである。たとえば、所得の低い人であれば、累進課税を強化することを望むだろうし、富裕層であれば累進課税を低く（あるいは撤廃する）ことを求めるだろう。

こうなれば、各人の条件にもとづいた対立しか残らず、解決する方法が見つからなくなるだろう。そこで、こうした情報をあえて排除し、各人の条件をいわばカッコに入れた（無視した）うえで、どう行動するのが合理的かを導くわけである。

〈ロールズが提唱した二つの原理〉

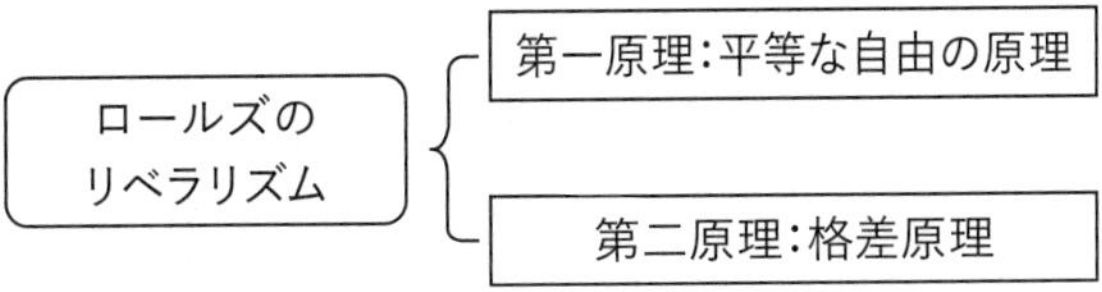

そこから、ロールズは二つの原理を提示している。第一原理となるのは、「基本的自由」にかんする原理であり、自由があらゆる人に平等に分配されなければならない、と宣言する。ロールズが自由という意味でリベラリズムを提唱するかぎり、この原理は外せないだろう。この点から言えば、「リベラリズム」はやはり、「自由主義」と言うこともできる。

しかし、ロールズの立場をよく示すのは、第二原理の方であり、「格差原理」と呼ばれている。これは社会的・経済的に不平等な社会で、弱者にとって有利になるように命じるもので、不平等の是正を目指している。ロールズは、アメリカのリベラリズムの伝統を受け継ぎながら、格差原理を打ち出すことで理論の刷新を図ったわけである。

ここで、タイトルにもなった「正義（Justice）」という概念を考えてみよう。日本では、「正義」と言えば、「善（Good）」とほぼ同じように理解されている。ところが、ロールズは「正義」を「善」と区別し、「公正（Fairness）」と理解したのである。個々人が追求するものが「善」

であるが、それに対して「正義」はむしろ、そうした「善」のあいだの「公平性」と考えられている。したがって、「正義」とは「公平性」であり、「公正さ」と呼ばれる。

具体的な思考実験で考えてみる

ロールズの理論は抽象的に見えるので、もう少し具体的な場面で考えてみよう。そのため、次のような思考実験をつくることにする。

【思考実験　公正な社会とは？】

A、B、Cの3人からなる社会があり、所得はそれぞれ10、5、3だったとする。しかし、Aは才能があったので、仕事に成功し、所得を倍増（20）させたが、Bは変化がなく（5）、Cは逆に所得が減少した（2）。図示すると次のようになる。

最初：（A、B、C）＝（10、5、3）
↓
その後：（A、B、C）＝（20、5、2）

では、こうした社会の変化を、どう評価すべきだろうか。また、この変化は「正義にかなった」方向に向かったのだろうか。それとも、この変化は「正義」に反しているので、むしろ是正すべきことになるだろうか。

全体的な所得の総和という面から考えると、18から27になっているので、評価すべきであるように見えるだろう。しかも、これが不正にもとづくことなく起こったのならば、是正すべき点はない、と言えそうだ。

しかし、ロールズが言う「格差原理」から考えると、メンバー間の格差は拡大している。そこで、社会の「正義」を格差の少なさ（公平性）という基準で考えると、社会は「不正な」方向へ変化した、と言うべきだろう。だとすれば、是正が必要になる。

そこで、ロールズの格差原理を考えると、具体的にどうすべきだろうか。Ａの所得の拡大分は再分配して、ＢやＣの所得を増やすようにすべきだろうか。たとえば、次のような配分が考えられるかもしれない。

Ａの増加分のうち半分（５）をＢに２、Ｃに３だけ分配すると（Ａ、Ｂ、Ｃ）＝（15、７、

5）となり、格差が縮小されるだけでなく、B、Cのいずれの所得も増大する。とすれば、全体の総和も増えるし、またB、Cの所得も増えるので、「公正」な政策だと言えるかもしれない。

もっとも、ロールズ自身がこうした再分配案を支持するかどうかは明らかではないだろう。というのも、彼の『正義論』はあくまでも原理的な著作であり、細かな政策を提言するものではないからだ。しかし、「格差原理」を活かすとすれば、こうした案もあながち否定はできないだろう。あるいは、こうした政策は、すでに私たちの社会で実施されている、とも言えるだろう。

生まれつきの才能も再分配する？

格差原理が一見した印象よりも難しいのは、誰も不正を行なっていないのに、格差が生じたり、拡大したりすることだ。こうした場合、いったいどういう対応を取ればいいか、意見が分かれるのではないだろうか。

そのことを考えるために、才能の違う3人（A、B、C）に登場してもらうことにしよう。この3人は、出発点として同じ元手をもっていて、商売を始めたとしておく。

［思考実験　才能の異なる3人の店］

A、B、Cの3人は、それぞれ才能やセンスが違っていたので、開店した店の経営が結果として大きく異なることになった。最初の資金は同じだったが、Aはおしゃれな店を開き、会話もうまかったので店は売り上げを伸ばして、所得を20に伸ばした。Bはとくに目立つ才能やセンスもないが、地道に経営を進めたため、所得を10にした。それに対して、Cは才能やセンスが乏しかったので、開店した店の評判も思わしくなく、結局閉店せざるを得なくなり、所得も0になった。3人の所得の変化を示すと以下のようになる。

（A、B、C）＝（5、5、5）
↓
（A、B、C）＝（20、10、0）

この結果に対して、どうするのが「正義」にかなった政策となるのだろうか。

こうした事例は、あまりにも単純なので、現実的にどこまで有効なのか、疑問に思われるかもしれない。しかし実を言えば、ほとんどの格差問題の中心には、この構造が潜んでいるのである。

つまり、生まれつきの才能やセンスの違い、生まれた家族や育った環境といった偶然的な運、こうしたものから結果として大きな格差が生じてしまうのである。これに対して、社会はいったいどう対処すべきなのだろうか。たとえば、ロールズは『正義論』の中で、次のように語っている。

生まれつき恵まれた立場に置かれた人びとは誰であれ、運悪く力負けした人びとの状況を改善するという条件においてのみ、自分たちの幸運から利益を得ることが許される。有利な立場に生まれ落ちた人びとは、たんに生来の才能がより優れていたというだけで、利益を得ることがあってはならない。

（ロールズ『正義論』）

こうして、ロールズは「生まれつきの才能」を、「共通の資産」と見なして、当人だけのものとせず、社会で「分かち合う」べきだ、と主張するのである。とすれば、この事例では、次のような配分になるのだろうか。

（A、B、C）＝（20、10、0）
↓↓
（A、B、C）＝（12、10、8）

もう一度繰り返すが、『正義論』は原理論であって、ロールズ自身がこうした具体案を示すわけではない。しかし、彼の意を汲んで考えると、この案はそれほど悪い案とも思えないだろう。あるいは、Cを最初の状態に戻して、次のようにすることも考えられるだろうか。

（A、B、C）＝（15、10、5）

いずれにしろ、Aは自分の才能をいわば「独り占め」できないわけである。これは何とも理不尽に感じないだろうか。

2 リバタリアニズムの反撃

リベラリズムへの批判

ロールズの『正義論』は、出版されるとすぐに大きな話題となり、リベラリズムの大流行を生みだした。ところが、こうしたリベラリズムに対して、文字通り「自由」を強調する人びとが厳しく批判したのである。その代表的な思想家が、ロバート・ノージックだ。

ノージックは、１９７４年に『アナーキー・国家・ユートピア』を出版し、その思想を「リバタリアニズム（Libertarianism）」と呼んでいる。もちろん、その名称自体は古くからあったものだ。ノージックは、そうした「リバタリアニズム」を原理的な次元から正当化しようとしたわけである。

ロールズもノージックも、その当時は同じハーバード大学に勤めていたので、いわば同僚にあたるが、ノージックはリベラリズム批判としては、もっとも根本的な問題を提起したのだ。そのため、ロールズのリベラリズムとノージックのリバタリアニズムの対立が、その後

〈どちらも自由主義と言えるが……〉

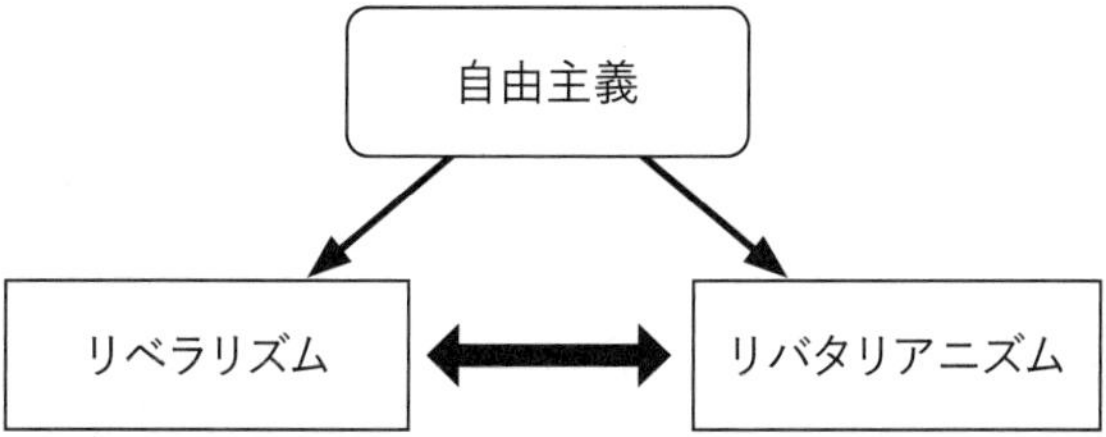

の政治思想において中心的なテーマとなったわけである。

しかし、一般的には、リベラリズムとリバタリアニズムがどう違うのか、必ずしも十分理解されているわけではない。というのも、この二つは大きな観点から言えば、「自由主義」と言えるからである。個人的な「自由」を原理とする点では、二つは共通している。それなのに、どうして対立するのだろうか。

すでに述べたように、「リベラリズム」も「リバタリアニズム」も、ロールズやノージック以前からあった思想だ。従来からリベラリズムと言えば、福祉国家的で社会民主主義的な思想に近かったのである。ロールズが『正義論』で展開したリベラリズムも、この延長線上にあったわけである。

しかし、次のような疑問が当然生まれる。このリベラリズムは、経済活動の自由を制限し、ひいては個人の行動にも強制力を及ぼすのではないか。とすれば、これを「リベラリズム＝自由主義」と呼ぶことができないのではないか。――そこで、経済的自由を

ロバート・ノージック

含め、個々人の行動の自由を積極的に推進するため、リベラリズムから区別して、「リバタリアニズム」という言葉が使われるようになったのである。「自由尊重主義」とか「自由至上主義」とも訳されるが、むしろ「リバタリアニズム」や「リバタリアン（自由尊重主義者）」の方が普及しているようだ。

リバタリアニズムは、リベラリズムと同じように、個々人の「善」の追求から出発しているので、広い意味で自由主義（リベラリズム）に属している。しかし、リバタリアニズムは、「公正」という観点から個々人の行動を制限することはしない。その点で言えば、リバタリアニズムこそが、真のリベラリズムのように見えるかもしれない。じっさい、そう主張する人もいる。

このように、少しばかりややこしい事情があるのだが、リベラリズムとリバタリアニズムの対立については、その後のアメリカ思想で決定的な問題となった。そのため、ノージックのリバタリアニズムについて、その主張を確認しておくことにしよう。

「別個性」と「自己所有」――ノージックの主張

リバタリアニズムは、どのようにして個々人の自由を正当化するのだろうか。ロールズの「公正」に対して、ノージックの基本原理を考えてみよう。

まず確認したいのは、ノージックが基本的に前提としているのは、個々人の「別個性」と「自己所有」という考えだ。私たちはみな、それぞれ違った生活を送っており、まったく別個の存在である。各人は、自分の身体の所有者であり、自分の生活や自由にかんして、自分で決定することができる。ここから、ノージックは「正義の権原《けんげん》（エンタイトルメント）理論」を導くのである。

「エンタイトルメント」というのは、「資格」や「権利」とも訳すことができる言葉である。これをノージックは、所有の正当性を示すために使っている。たとえば、誰の所有物でもないものを獲得するとき、あるいは他人の所有物を売買などで正当に入手するとき、それに対して「権原をもっている」と言われる。ノージックの場合、「権原」があるかどうかが、「正義」の重要な原理となるわけである。

したがって、正当な方法によって獲得した自分の所有物については、身体に対する権利と同じように、エンタイトルメント（権原）をもっているのである。そのため、極端に言えば、餓死しかかった他人がそばにいたとしても、自分の所有物を他人に分け与える義務はないの

〈リベラリズムとリバタリアニズムの違い〉

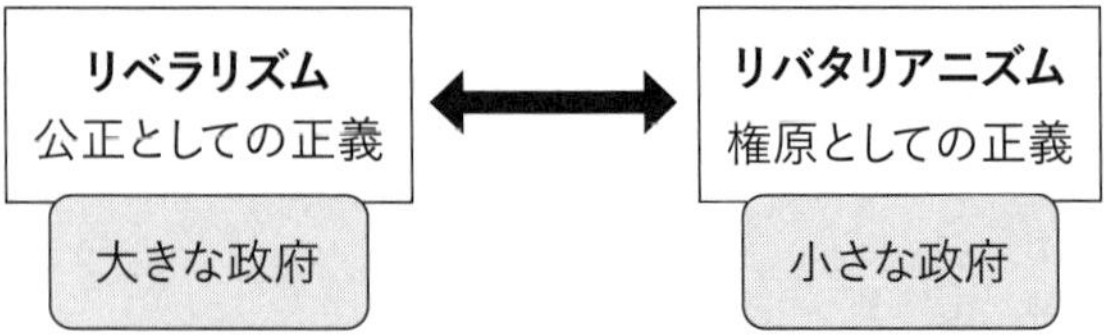

である。

もちろん、慈善行為として分けることは否定されない。しかし、だからといって、そうする（分け与える）義務はない、というのがノージックの基本的な観点だ。つまり、リベラリズムが主張するような所得の再分配は、ノージックにとって認められないわけである。根本にあるのは、所有に対して「権原」をもっているかどうかであって、恵まれない状態にあるかどうかではない。

こうしたリバタリアニズムの考えからすれば、国家としてはリベラリズムとは違って、「最小国家」（小さな政府）を目指すことになる。ノージックによれば、「最小国家」というのは、「暴力・盗み・詐欺からの保護・契約の執行」などに限定される。つまり、侵略行為から市民を守り、警察や裁判所によって市民を保護するわけである。それ以外のことは、市民に対する権利の侵害であり、不当だと見なされている。

通常は、国家にはその他の役割も属している。たとえば、公共サービスを提供したり、福祉政策を実施したりすることだ。また、パターナリズムと言って、人々の生活や活動を、彼ら自身のためと称して管理することも行なう。ところが、ノージックはこうした役割を、国家には認めないのである。国家はただ、市民の人身と所有を保護することしか、役割をもっていない。

リバタリアニズムの立場から言えば、国家が個々人の生活に介入して、所得を再分配したり、福祉政策を実施したりするのは、まったくの越権行為なのである。ましてや、国民のためという名目で、市民の生活に干渉するパターナリズムは、断固として拒否すべきだと考えられている。あくまでも、個々人は別個の存在であり、自分の生活と自由にかんして、自分で決定する権利があるからだ。

高収入のスーパースターは悪か？

リバタリアニズムの考え方を理解するため、具体的に考えてみることにしよう。ノージックは『アナーキー・国家・ユートピア』の中で、面白い思考実験をいろいろ考案しているが、その一つにプロ・バスケットボール選手のウィルト・チェンバレンの話がある。

この人物は、ノージックの時代にスーパースターだった選手であるが、今ではあまり実感が湧かないかもしれない。そのため、マイケル・サンデルは「ハーバード白熱教室」では、マイケル・ジョーダンにかえて説明している。そのあたりを想定しながら、彼の説明を読んでいただくと、もう少しイメージできるかもしれない。

【思考実験　スーパースターのチェンバレン】

彼はあるチームとの次のような契約にサインする。ホームゲームでの各試合で、入場券一枚につきその代金の中から25セントは彼が取る。（……）シーズンが始まり、人々は上機嫌で彼のチームの試合を見に行く。観客は入場券を買う際、毎回入場券のうち25セントを別にしてチェンバレンの名前が表示してある箱にそれを入れる。（……）1シーズンで100万人が彼のホームゲームを見に来て、チェンバレンは25万ドルを手にした。（……）彼にはこの収入を得る資格があるのだろうか？

（ノージック『アナーキー・国家・ユートピア』）

通常は選手に支払われるのは、チームからであるが、この事例でわざわざ観客がそのつど箱に入れるという設定をしたのは、この支払を観客が自発的に行なったことを強調するためだ。観客が一人ずつ自発的に支払うことによって、チェンバレンが莫大な収入を得るわけである。このとき、何か不正なことが行なわれているのか？――ノージックは、こう問うのだ。

観客はそれぞれ、チェンバレンのプレーを見たいがために、25セントを支払うのである。あくまでも自分の自由な原理に従って、行動している。その結果として、チェンバレンが莫《ばく》大《だい》な収入を得たとしても、どこにも悪いところはなさそうである。

ロールズのリベラリズムだったら、こうして得られた莫大な収入には課税して、再分配すべしと主張するだろう。格差原理を適用すれば、再分配こそが正義である。

これに対して、ノージックはこうした「勤労収入への課税は、強制労働と変わりがない」と言って、再分配にはきっぱりと反対するわけである。チェンバレンの話は極端としても、ノージックのリバタリアニズムの立場を示す分かりやすい事例になっている。

リバタリアニズムにとって、収入が得られたとき、不正が行なわれなかったならば、たとえ結果として格差が生じたとしても是正する理由はないのである。むしろ、課税によって再分配を行なうならば、「強制労働」を課すことと同じだと見なすわけである。

では、チェンバレンの才能については、どう考えたらいいのだろうか。ロールズのリベラリズムでは、チェンバレンの収入は彼の生まれつきの才能にもとづくから、自分のものとして独り占めすることは許されない。彼が得た莫大な収入は、共通資産として再分配されなくてはならないのだ。これに対して、ノージックはきっぱり拒否するのである。権原理論〔リバタリアニズム〕の観点からするなら、再分配は、実際のところ人々の権利の侵害を伴うから、実に深刻な問題である。

（同書／〔　〕は筆者補足部分）

考えてみれば、収入の差が生じるのは、チェンバレンのような特別な場合だけではないだろう。ある意味では、収入の差が出てくるのは、生まれつきの才能の違いにもとづくことが少なくない。そのため、チェンバレンの場合に再分配を認めるならば、たいていの場合に再分配が必要になるわけである。自分の生まれつきの才能を、自分自身で享受できないならば、はたして正義と言えるのだろうか。これがノージックの基本的な疑問である。

3 リベラリズムとリバタリアニズムの違い

１９７０年代に始まったアメリカ現代思想において、何が問題になったのかを見てきた。リベラリズムもリバタリアニズムも、それ以前からもあったのだが、ロールズやノージックは問題を原理的な次元から設定し直し、哲学的な理論を形成したのである。そのため、実際の政策としてどうするかは、必ずしも明確に規定されていないが、むしろ立場の根本的な違いは明らかになるだろう。そこで、その対立をあらためて理解するため、論点を確認しておこう。

①共通の基盤としての多様性

対立を見る前に、まずは二つの共通性を確認しておくことにしよう。というのも、両者はこの共通性のために、当事者以外（とくにコミュニタリアン）からは、しばしばひとまとめにされがちだからだ。

その共通性というのは、個々人の生き方の多様性であり、各人が求める「善」が異なることである。そのため、いずれも「自由」を旗印にしている。宗教や道徳などにおいては、生き方や考え方が違っていても、その多様性は認めていくというのが、基本的な発想である。この基盤を失えば、リベラリズムもリバタリアニズムも存立することができない。

歴史的に言えば、多様性を強調することは古い時代の宗教戦争を生き抜いた知恵とも言える。個々人が信じる宗教の違いを認めなかったために、悲惨な戦いが起こったことは、よく知られている。そのため、そうした信仰上の違いは認めたうえで、なおも共存していく方法が、多様性の事実を認めることである。これは、「寛容の原理」と呼ぶこともできるだろう。移民国家であるアメリカにとって、死活問題と言ってよい。多様性を認めなかったら、移民国家は根底から崩れてしまう。

②自由か平等か？

こうした多様性を認めたうえで、両者の違いはどこにあるのだろうか。やや強引に言ってしまえば、リベラリズムは平等を求め、リバタリアニズムは自由を求めると言えるだろう。もちろん、リベラリズムは名前のとおり、自由をないがしろにするわけではないが、その自由が平等によって厳しく制限されているのだ。たとえば、ロールズの「正義」の第一原理を見ると、きわめて注意深く、平等性が書き込まれているのが分かる。

第一原理　各人は、平等な基本的諸自由の最も広範な［＝手広い生活領域をカバーでき種類も豊富な］制度枠組みに対する対等な権利を保持すべきである。ただしもっとも広範な枠組みといっても［無制限なものではなく］他の人びとの諸自由の同様［に広範］な制度枠組みと両立可能なものでなければならない。（『正義論』）

この後に、第二原理としての「格差原理」が続くのだが、ロールズはすでに第一原理において、平等性を根本に置いているのが分かるだろう。

これに対して、ノージックの場合は、こうした平等性は考慮されていない。ノージックの「権原理論」では、「獲得の正義の原理」と「移転の正義の原理」が語られるが、そのとき問題になるのは盗みや詐欺といった犯罪ではないことで、平等性ではない。正当な自由な行為の結果として不平等が生じることは否定できない。しかし、だからと言って、結果の不平等を是正して平等にしようとすれば、もはや自由は失われるであろう。ノージックだったら、こう反論するわけである。

③カント主義かロック主義か

こうした違いは、ロールズやノージックが依拠する哲学者が異なることからも、はっきりする。ロールズの場合には、カントの道徳理論が基本になっているが、その根本にあるのは

「私」だけでなく、すべての人に当てはまる普遍的な法則といった考えだ。たとえば、カントの有名な「定言命法」は次のように語られている。

あなたの意志の格率が常に同時に普遍的立法の原理として妥当し得るように行為せよ。

（カント『実践理性批判』）

このときポイントになるのは、「普遍的立法の原理」という点である。あなただけが例外ではなく、すべての人に平等に当てはまることが強調されるのだ。

これに対して、ノージックの場合には、ジョン・ロックの所有論が基本となっている。ロックの所有論では、身体所有論と労働所有論とも呼ばれている。それをざっくり説明すると、一方の身体所有論は、私の身体は私のものであるという考えで、もう一方の労働所有論は、私が働いて獲得したものは私のものであるという考えだ。この二つを組み合わせると、私のものである身体を使って、私が働き獲得したものは私のものである、となる。こうした考えは、現代の私たちにも常識的に備わっているのではないだろうか。ノージックは、こうしたロックの考えから、彼のリバタリアニズムの原理を導き出したのである。

④大きな政府か小さな政府か

リベラリズムとリバタリアニズムの理論から、どんな政府が構想されるか考えておこう。現在では、あまり典型的な形では見られなくなったが、この二つの理論は、大きな政府か小さな政府かという点で、鋭く対立することになる。

まず、リベラリズムについて言えば、所得を再分配することが基本になるので、そのためにさまざまな役割が政府に必要となる。また、福祉政策を行なうのだから、政府が積極的に個々人の生活に介入することになるだろう。こうして、リベラリズムでは、政府の役割が次第に大きくなっていくのだが、それが官僚機構の強大化を引き起こすことにもなるだろう。

これに対して、リバタリアニズムでは、政府の仕事はできるかぎり排除される。政府の仕事を考えてみると、だいたい次の四つに分けられる。(1)侵略行為から市民を守り、警察や裁判所によって市民をたがいに保護する。(2)道路、消防、図書館など、多様な公共サービスを供給する。(3)病気、貧困、失業といった理由のために、自分の面倒を見ることができない市民の世話をする。(4)映画を検閲したり特定の薬物を禁止したりするように、個人の生活をある程度監督する。

〈リベラリズムとリバタリアニズムの比較〉

リベラリズム	リバタリアニズム
公正(公平性)としての正義	権原(資格)としての正義
平等性、普遍性	不法性の排除、自由
カント的道徳性	ロック的所有概念
大きな政府	小さな政府

ノージックが主張するリバタリアニズムでは、政府の仕事のうち(1)人身と所有に対する権利を防衛することだけに限定される。その他はすべて、民営化することになるだろう。こうすれば、政府はかなりスリム化でき、さらにはそのための税金も極小化できるはずである。政府の無駄な仕事を削って、税金をできるかぎり安くする。それ以外のサービスは、必要な個人が民間と契約して行なえばよい。

こうして始まった70年代の思想が、その後どのように継承されたり、批判されたりしていくのか、章をあらためて見ていくことにしよう。

第2章

コミュニタリアニズムという亡霊

自由主義への批判

政治思想をめぐる1970年代の論争は、おもにリベラリズムとリバタリアニズムの間で行なわれた。ところが、この二つはより大きな視点から言えば、個々人の多様性にもとづく自由を前提にする点で、自由主義（リベラリズム）の一種と見なすことができる。いわば「コップの中の嵐」のようなものだ、と考えられる。

そこで、80年代になると、この共通の前提そのものが疑われるようになったのである。たとえば、1981年に出版された『美徳なき時代』において、アラスデア・マッキンタイア

〈「多様性重視」と「共通善」の対立〉

リベラリズムとリバタリアニズム 個人的な善の追求	⟷	コミュニタリアニズム 共同体の共通善

ーはアリストテレスの伝統にさかのぼりながら、個々人の「善き生」が自分ひとりで成り立つのではなく、社会の中で意味をもつと考えた。このとき積極的に打ち出されたのが、「共通善（Common good）」という考えだ。個々人が追求する「善」よりも、共同体に共有された「共通善」が、先行すると見なされたのである。

この著作の後、同様の批判が立て続けに出版されることになった。1982年には、マイケル・サンデルが『リベラリズムと正義の限界』を出版して、とくにロールズの思想を強烈に批判したが、サンデルの批判はリバタリアニズムも例外とするわけではない。こうしたサンデルが依拠するのも、マッキンタイアーと同じく、アリストテレスの「共通善」だったのである。

このように、マッキンタイアーやサンデルがアリストテレスの伝統に訴えたのに対して、チャールズ・テイラーはヘーゲルに立ち返って、リベラリズムを批判した。テイラーは、1985年に出版した著作（*"Philosophy and the Human Sciences"*）に収められた「アトミズム」という論文で、リベラリズムとリバタリアニズムをひとまとめにして、「アトミズム（原子論）」と批判したのである。テイラーによれば、アトミズムが想定するように個々人は独立して存在できるわけではなく、自分の特質はむしろ共同体の中ではじめて発揮できる、と主張した。

このように、リベラリズムやリバタリアニズムを批判して、共同体の意義を強く主張する人たちは、一般に「コミュニタリアン」と呼ばれ、思想としては「コミュニタリアニズム（共同体主義）」と名づけられるようになった。この手の思想は日本では受けがいいのか、サンデルにしても、テイラーにしても日本ではメディアによく登場している。日本の場合は、国民性から言っても、コミュニタリアニズムの方が受け入れやすいのかもしれない。

1　コミュニタリアニズムのリベラル批判

リベラリズムの「負荷なき自己」に代わる人間像

コミュニタリアニズムがリベラリズムをどう批判するのか、見ておくことにしよう。そのために、サンデルの議論を確認するのがいいと思う。というのも、『リベラリズムと正義の限界』というタイトルからも予想できるが、サンデルの主要なターゲットがロールズのリベラリズムだからである。

サンデルがリベラリズムを批判するとき、着目するのはリベラリズムの人間観である。すでに確認したように、リベラリズムの出発点は、個々人が追求する「多様な善」を尊重すべきだ、という考えだった。このとき重要なのは、具体的な「善」の内容ではなく、選択主体としての個人である。こうした個人は、自分自身の選択によって、自分の人生をみずから設計していく存在と考えられている。

このようなリベラリズムの人間像に対して、サンデルは「負荷なき自己」という規定を与えたのである。つまり、リベラリズムでは、個々人は選択主体としての人間であって、自分におよんでくる外部的な負荷を一切排除している、というわけである。

たとえば、その人が育った家庭や地域、さらには社会や時代といった、さまざまな環境が考えられるだろう。サンデルによれば、個人を染め上げるこうした「負荷」を取り去ってしまい、いわば脱色されたような人間が、リベラリズムの根底にあるのだ。

たしかに、「負荷なき自己」という考えは、ロールズの「無知のベール」という仮定のう

マイケル・サンデル

〈サンデルが提示する新たな人間像〉

ちにはっきりと示されているように見える。ロールズは、「正義の原理」を提示するとき、個々人の具体的な状況、たとえば地位や身分、性別や経済状況、生まれつきの資質などをいっさい捨象し、そのうえで個々人はどう選択すべきかを問い直したからである。

　ここで想定された人間には、サンデルが言うように「負荷なき自己」しか残されていないだろう。ただし、そうした人間像は、ロールズの場合あくまでも作業仮説であって、「正義」を導出するためには必要な前提だと見なされていた。それはともあれ、リベラリズムの「負荷なき自己」にかわって、サンデルはどんな人間像を提唱するのだろうか。

　サンデルによれば、人間は自分一人で存在できるものではなく、自分以外の他の人たちに多くのことを負っている。こうした具体的な状況を抜きにして、人間を理解することなどできないのである。そこでサンデルは、「負荷なき自己」に対置する形で、「状況に位置づけられた自己」という概念を語っている。

　こうした「自己」理解は、たしかに「自己」を個人主義的に理解することではなく、共同的なあり方として理解することである。たとえば、個人の生まれつきの才能を考えてみよう。

ロールズの場合には、これはたまたま個人に分け与えられた偶然的なものであり、個人の「自己」はそれから区別されていた。ところが、サンデルはその才能を、個人からは切り離しえないと主張している。その才能が開花するためには、他の人びとに支えられ、援助されなくてはならないのだ。そのため、才能の成果を、排他的に独り占めすることができないわけである。

このように、「自己」の理解が変わることによって、共同体をどう考えるかも変化するだろう。サンデルは、人間を「状況に位置づけられた自己」と捉えるが、これは共同体によって人間のアイデンティティが構成されることを意味している。また、共同体は、網の目のような人間相互の関係を作り出し、個々人の考えや行動に深く関与している。こうした共同体を、サンデルは「構成的共同体」と語っている。

このような共同体を重視するからこそ、サンデルの思想はコミュニタリアニズム（共同体主義）と呼ばれている。

リバタリアニズムの「社会的アトミズム」への批判

次に、リバタリアニズムに対する批判を確認しておこう。そのために、見ておきたいのが、前述したチャールズ・テイラーの「アトミズム」である。というのも、その論文で彼は、リバタリアニズムを「ウルトラ・リベラリズム」と呼んで、批判の直接的なターゲットにしているからだ。テイラーは、ノージック流のリバタリアニズムを批判することによって、リベラリズムを全体として批判できると考えたのである。

テイラーによれば、リバタリアニズムの主張は、「義務よりも権利を優先する学説」と考えられている。この学説の根底にあるのは、「自分の生のあり方は自分で自由に選択できるのでなければならない」という人間観だ。かんたんに言えば、個々人は自分の生き方を自由に選択し、その権利は全面的に認められるべきだ、という思想である。

こうした思想は、一見したところ当然のように感じられるかもしれない。ところが、テイラーはこれを、歴史的な観点から問題にして、「社会的アトミズム」と規定するのである。

ここで「社会的アトミズム」というのは、「人間がただ一人で自足できることを肯定する見解」である。しかし、テイラーによれば、この見解は正しくない。というのは、人間は

〈社会契約論者とアリストテレスの人間観の違い〉

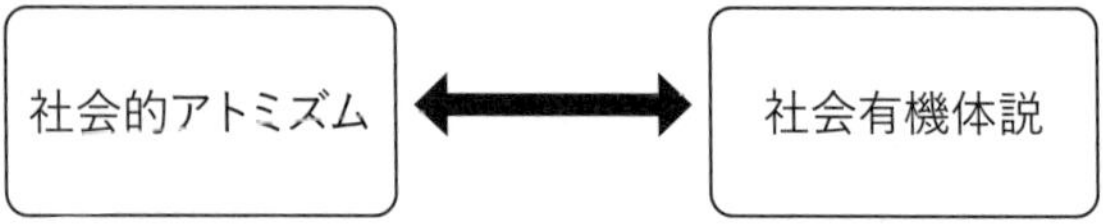

「社会的な動物」であって、人間にふさわしい能力は、社会の中でしか開花できないからだ。最初の出発点において、人間はすでに社会的だというのが、テイラーの考えである。

ちなみに、思想史的に見ると、「社会的アトミズム」に属するのは、近代の社会契約論者たちであり、ロックにしてもルソーにしても、個人がまず前提とされ、その後で社会が形成されると考えていた。当時この考えに対置されたのは、「社会有機体説」であり、個々人は身体という一つの有機体のうちの手足と見なされている。アリストテレスに典型的に見られるが、手足を身体から切り離して考えると、それは生きた手足ではなく、死んだ部分に他ならないとされる。

だとすれば、テイラーは「社会的アトミズム」を批判するとき、古色《こしょく》蒼然《そうぜん》とした「社会有機体説」を採用しようとするのだろうか。しかし、そうした「社会有機体説」は19世紀のドイツ哲学者ヘーゲルの時代でさえ批判されていたので、そのまま繰り返すわけにはいかないだろう。では、テイラーは「社会的アトミズム」を批判するとき、どんな理論を積極的に示

〈ヘーゲルの「承認」概念を、社会的アトミズムに対置させる〉

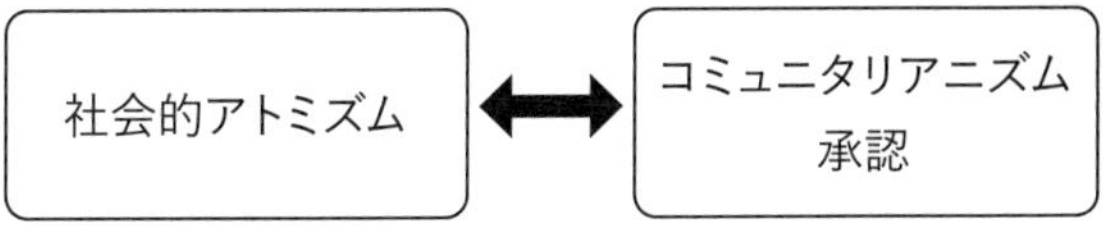

そうとするのだろうか。

　そのとき大きく影響しているのが、ヘーゲルによって提示された「承認」という概念である。もともと、ヘーゲルの思想そのものに、共同体主義的な発想が強くあったので、テイラーはそれを独自の仕方で受容したわけである。テイラーは、個人と社会を結びつける概念として、ヘーゲルの「承認」に注目したのだ。

「承認」という概念は、もともとはヘーゲルによって提示されているが、その具体的な意味は必ずしも明らかではなかった。そこでテイラーは、プラグマティストのミードの議論を参照しながら、「承認」概念の意味を広げ、個人のアイデンティティが社会的な承認によって形成される、と理解したのである。それによると、個人は、一人だけで自分の個性やアイデンティティを発展させることができず、必ず他者たちによる承認が必要になる、というわけである。

　こうした承認を与えるのは、具体的には家庭や学校、地域社会や文化、国家などのさまざまな共同体である。ところが、近代社会は、こうした社会的な絆を断ち切って、個々人があたかもただ一人で独立して存在できるかのように考え、「社会的アトミズム」を形成したのである。そこで、今必要なのは、この考えを退け、「承認」の意義を理解して、共同体における個人の役割を問い直すことだ――こんな風にテイラーは主張する。

2 知の伝道師サンデルの主張とは？

サンデルは講義の名手だが……

では、コミュニタリアニズムは、積極的に何を主張するのだろうか？　それを理解するために、彼が日本でも名を知られるようになった『これからの「正義」の話をしよう』を見ておきたい。この本のもとになったハーバード大学での講義が、ＮＨＫで放送されたこともあって、サンデルの名前は一躍知られるようになった。

それ以前にリベラリズム批判を行なっていたときは、日本では専門領域を研究しているごく一部の人しか知らなかったが、今ではお茶の間の人気者のようになってしまった。たしかに、「白熱教室」と題された講義を見ると、学生との当意即妙の会話は、いかにもソクラテス的問答を彷彿《ほうふつ》とさせ、これぞ教員という印象を与えている。日本の大学の眠くなるような講義とは対照的に、生き生きとした議論が展開されている。

サンデルの穏やかな人格と、ジョーク交じりの言い回しによって、その場がいわば魔術的に進められていくのだ。そのため、日本にもサンデルファンは多く、彼が出す著作はたいていベストセラーになっている。

しかし、こうした受容とは別にして、サンデルのコミュニタリアンとしての主張が日本で十分理解されているかといえば、おそらく否定的にならざるをえないだろう。ちなみに、サンデルを知っている人に、その印象を聞くと、おそらく「学生とディスカッションする先生」という答えが多いだろう。そこで、「サンデルの主張や考えは何か？」とさらに尋ねると、ほとんどの人が口ごもってしまう。

たぶん講義の冒頭で話題になる「トロッコ問題」を、印象深く語る人もいるだろう。しかしながら、この問題自体は、サンデルのオリジナルではない。すでに1960年代から議論してきたものだ。したがって、それを知っている人にとっては、なぜ今さら問題にしたのか、その方が不思議だったのである。

そこで、サンデルの講義や本の進め方を見ると、共通したやり方があるのが分かるだろう。その大半（95％あるいはそれ以上）が、批判するために選ばれた実例から構成されている。しかも、ディベート形式で議論しやすいように、賛成か反対かが明確にできるように、周到につくられている。

ディベート式の講義で進めようとする場合、最大の問題となるのは、そこで議論されるテーマである。しかし、こうした講義をやってみた人は分かるが、イエスかノーで明確に議論できる問題は、けっこう作るのが難しい。そのためには、ある程度極端な場合を想定して、対立がはっきりするようにしなくてはならない。その点で、サンデルの講義はすぐに意見が表明できるように、問題が絞り込まれている。その意味で、講義する前にどのテーマにするのか、この設定が秀逸である。

ここまでくると、サンデルの本や講義のやり方が、おぼろげながら見えてくるだろう。かんたんに手順を示すと、次のようになっている。

①批判すべき相手を想定する
②その相手の主張を、極端な形にまで切り詰める

③具体例を通して、批判すべき相手の主張を提示する
④議論を通して、相手の主張を批判する

だいたいこれに尽きる。これを見ると、政治家がよくやる戦略に似ているのが分かるだろう。つまり、批判すべき「抵抗勢力」を提示して、相手の主張を極端化し、それを批判するわけである。これによって、自分の正当性を見せつけることができるだろう。

こうして、『これからの「正義」の話をしよう』では、批判すべき抵抗勢力として、功利主義とリベラリズムがターゲットになったのである。たしかに、周到に準備された実例や相手の主張に対して、サンデルの批判は鮮やかに見える。これを見て、ＮＨＫの視聴者や本の読者は、溜飲が下がる思いをしたはずだ。

ところが、最後になって、「ところでサンデル先生の主張は何だったのか?」と問い直すと、正直なところ何も思いつかないのである。というのも、彼は何も対案を提示していないからである。

こんなことを言えば、そんなことはないはずだ、と思う人が多いだろう。しかしながら、それこそが、彼の「コミュニタリアニズム」の立場に他ならない。こうしたやり方で、彼は

自分の立場（コミュニタリアニズム）を、はたして正当化できているのだろうか。これを確かめることにしよう。

自身の主張が分かりづらいサンデル

そこで、サンデルの主張を確かめるために、『これからの「正義」の話をしよう』を見てみよう。どこに彼の積極的な主張は述べられているのだろうか。

その本の読者はおそらくあまり読んでいないだろうが、彼が自分の立場を提示したのは、最終章（第10章）「正義と共通善」の、ほぼ最後の部分である。この箇所で、ほとんど申し訳程度に、書かれている。このやり方は、本書以外においても、ほとんど同じである。

たとえば、『それをお金で買いますか――市場主義の限界』でも、『実力も運のうち――能力主義は正義か？』でも、彼の積極的な主張は、最終章の最後の部分だけなのだ。こうした書き方は、最初から意図的であり、サンデルとしては抵抗勢力を批判することが目的であって、自説の正当化にはあまり意を払っていない。

つまり、読者としては、批判すべき相手の難点を延々と聞かされた挙句、自説については最後になって、ほとんど申し訳程度に触れられているだけなのだ。これでは、サンデルの立

〈サンデルの書籍の構成〉

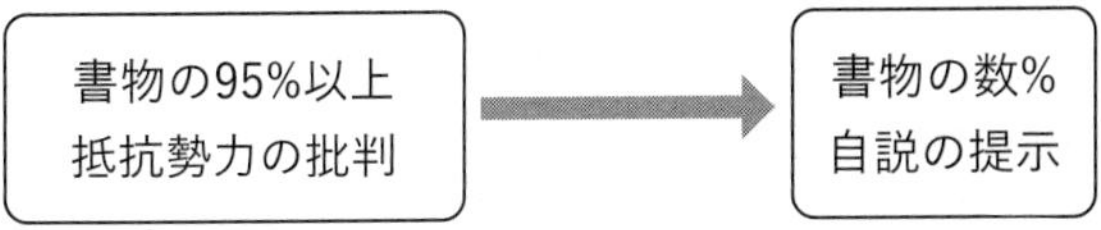

場がどんなものか、ほとんど分からないわけである。それでも、彼が何を語っているのか、確認しておくことにしよう。サンデルは、最終章の最後から2番目の項目（正義と善良な生活）において、次のように述べている。

> この探究の旅を通じて、われわれは正義に対する3つの考え方を探ってきた。第一の考えでは、正義は功利性や福利を最大限にすること——最大多数の最大幸福——を意味する。第二の考え方では、正義は選択の自由を意味する。（……）第三の考え方では、正義には美徳を涵養することと共通善について判断することが含まれる。もうお分かりだと思うが、私が支持する見解は第3の考え方に属している。
> （サンデル『これからの「正義」の話をしよう』）

こう述べた後、サンデルは、最後の項目（共通善にもとづく政治）で、四つのテーマを挙げている。①市民権、犠牲、奉仕　②市場の道徳的限界　③不平等、連帯、市民道徳　④道徳に関与する政治。

しかし、こうしたテーマは、名前だけ見ても、それをどう考えるのかは、ほとんど明らかではない。たとえば、サンデルが次のように語るとき、どう判断していいのか、材料が少なすぎるのである。正直に言えば、これだけだとたんなる「お説教」に見えるだろう。

公正な社会には強いコミュニティ意識が求められるとすれば、全体への配慮、共通善への献身を市民のうちに育てる方法を見つけなければならない。公共の生における市民の姿勢と性向、いわゆる「心の習慣」に無頓着であってはいけない。善良な生活という純粋に私事化した概念によらずに市民道徳を育てる方法を見つけなければならない。

（同書）

このようにサンデルが語るとき、彼は何を想定しているのか、ほとんど明らかにしていない。たしかに、コミュニタリアンであれば、言いそうなことだが、具体的な内実が分からないので判断できないのである。どうして彼は、こんな重大な主張を前面に出しておきながら、検討しなかったのだろうか。

サンデルのコミュニタリアニズムはリベラリズムの仲間？

功利主義やリベラリズムを批判するのは、別にかまわない。しかし、彼の本の大半がその批判に費やされ、自分のコミュニタリアニズムの主張はほとんど検討しないのでは、フェアとは言えないだろう。

さらに言えば、サンデルはロールズのリベラリズムを批判するにもかかわらず、生まれつきの格差を是正しようとするロールズの具体策（社会的再分配）には、同意しているのである。

この点は、やはり最後の章で問題にされる「同性婚」にも、同じように確認することができる。サンデルは、リベラリズムのような「個人の選択の自由」にもとづいて同性婚を認めることはしないが、「結婚の目的と本質」を問うことによって、同性婚を認めているように見える（どうしてはっきりと認めると言わないのか、不思議だが）。「どんな人に結婚の資格があるか決めるためには、結婚の目的とそれが称える美徳について考え抜かなくてはいけない」。こう述べながら、結論的にはリベラリズムと同じになるわけである。

しかし、こうしたサンデルの主張は、何とも迎合的に見えないだろうか。彼はいったいコ

〈リベラリズムとコミュニタリアニズムは表面上対立しているが、具体的対策は共通している〉

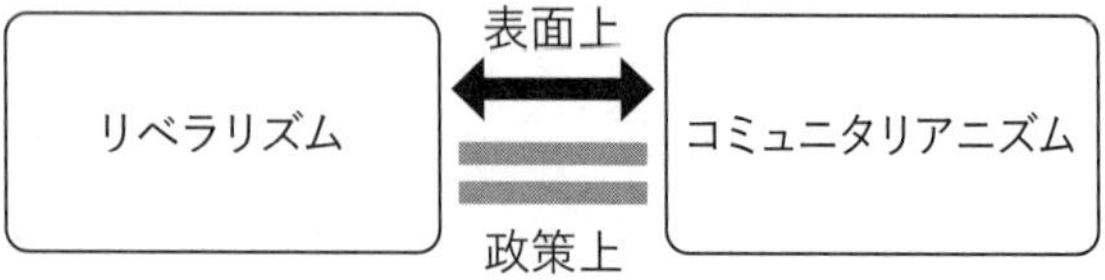

ミュニタリアニズムとして、具体的に何が主張したかったのだろうか。

このように見ると、サンデルはリベラリズムの立場やその人間観を厳しく批判しているが、具体的な政策としてはリベラリズムとまったく違った立場を取るわけではない。だとすれば、もしかしたら、サンデルのコミュニタリアニズムは、ロールズのリベラリズムの仲間なのかもしれない。

3 チャールズ・テイラー——多文化主義へ向かうコミュニタリアン

テイラーが説く「承認」には二種類ある

今度は、もう一人のコミュニタリアンであるチャールズ・テイラーの思想を見てみよう。彼は、1980年代にリベラリズムを批判して、「承認」概念にもとづいて、コミュニタリアニズムを提唱したが、

90年代になると多文化主義（マルチカルチュラリズム）へと進んでいくのである。

多文化主義は、一つの社会において複数の文化が共存し、対等な関係を取り結ぶことを主張するもので、とくにカナダやオーストラリアで１９７０年代以降に登場した。

もともと彼自身が、カナダ出身の思想家であり、多文化主義の問題は若いころから身近にあった。また、80年代から90年代にかけては、アメリカを中心にさまざまな弱者（マイノリティ）へと視線が注がれるようになり、「差異の政治」や「アイデンティティの政治」といったスローガンが掲げられるようになったのである。

こうした状況のなかで、テイラーは「承認」概念を携《たずさ》えて、多文化主義へと向かったわけである。しかし、テイラーが「承認」概念を多文化主義に結びつけるとき、そこには微妙な多義性が潜んでいたと言わなくてはならない。それを確認するため、まずは次の文章を読んでみることにしよう。

チャールズ・テイラー

> アイデンティティと承認との間の密接な結びつきを理解するためには、人間の条件の決定的な特徴の一つを考慮に入れる必要がある。（……）その特徴とは、人間の生

が根本的に対話的な性格をもつことである。われわれが人間の名に値する行為者となり、自分自身を理解できるようになり、したがってアイデンティティを定義できるようになるのは、人間のもつ表現豊かな言語を身につけることによってである。

（テイラー他『マルチカルチュラリズム』）

この箇所を見れば、テイラーがなぜ「コミュニタリアン（共同体主義者）」と呼ばれるのか、分かるだろう。個人のアイデンティティが、集団内部で行なわれる「対話」を通じて形成されるからだ。そこで、この承認を「共同体－内－承認」と呼ぶことにしよう。テイラーのコミュニタリアニズムは、「共同体－内－承認」によって成立するのである。

ところが、テイラーは「承認」を別の意味でも使っている。それが、「マルチカルチュラリズム（多文化主義）」の原理となった「承認の政治」である。たとえば、次の箇所を挙げておこう。

承認の要求は今日、（……）「多文化主義」の政治と呼ばれるものにおいて、少数派ないし「従属的」集団を擁護するために、いくつかの仕方で政治の前面に登場している。こ

〈テイラーが説く二つの承認〉

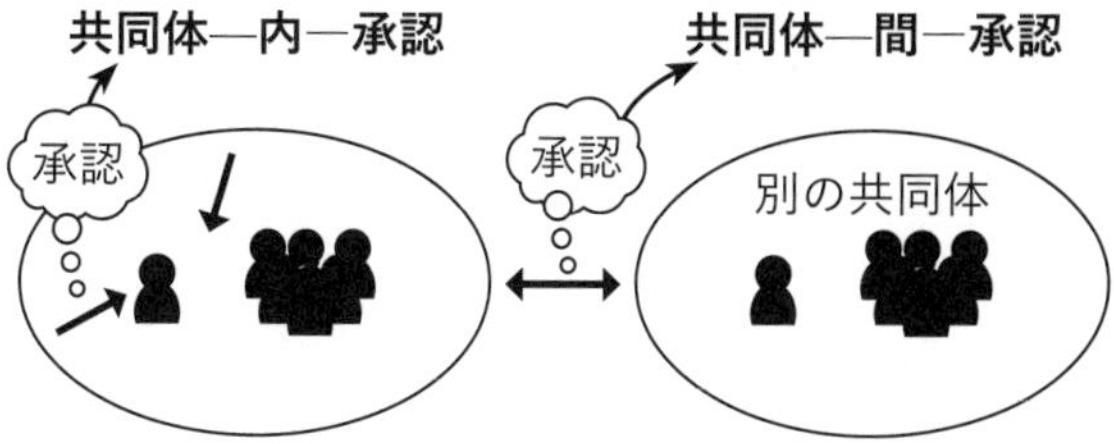

うした承認の要求は、承認とアイデンティティの間の結びつきが想定されることによって、緊急性を帯びたものになる。（同書）

ここで語られている承認が、「少数派ないし従属的集団」に対する承認であることは、明らかだろう。この意味の承認を「共同体－間－承認」と名づけることにしたい。テイラーは、カナダ・ケベック州で多民族・多文化的状況を経験したことから、多様な文化（集団）間での承認を提唱したわけである。これは、多様な文化間の差異を擁護するので、「承認の政治」は「差異の政治」とも呼ばれている。

このように見れば、同じ「承認」という言葉を使っても、その意味するところは、まったく違っているのが分かるだろう。一方は共同体の内部で承認されることで、対話によってアイデンティティが形成される。他方は、共同体間で承認することで、少数集団を多数集団に同化させず、「差異」の維持を目指している。しかし、残念なことに、テイラーは、この二つの「承認」の違いに、あまり自覚的ではなかったようだ。これは多文化主義を袋小路に導くのではないだろうか。

多文化主義の袋小路

テイラーが主張した「多文化主義」は、１９８０年代から90年代にかけて、アメリカを中心に大きな運動になった。ところが、多文化主義が社会運動として広がりを見せるにつれて、むしろその限界を露呈したように思われる。

テイラーによれば、個々人は所属する共同体の中で「アイデンティティ」を形成する、とされる。平たく言えば、文化によって個人のアイデンティティが作り出されるのだ。そのため、所属する共同体や文化を離れては、個々人のアイデンティティを考えることができないわけである。こうしたアイデンティティを、テイラーにならって、「集団的アイデンティティ」と呼ぶことにしよう。

問題は、こうした「集団的アイデンティティ」が多文化主義では、しばしば単一のものとされることである。しかし、単一の一枚岩の文化など、あるのだろうか。たとえば、ヴェルナー・ハーマッハーは次のように述べている。

私たちは、文化の中で働き、結びつきをもち、（……）その中で生を営んでさえいるが、多文化主義は、そうした文化が単一文化であり、一枚岩の全体性であると想定させてしまう。真実はその逆である。

（ハーマッハー『他自律――多文化主義批判のために』）

多文化主義は相互に独立した単一の文化を想定しているが、こうした「一つの文化なるもの」は存在しない」のである。文化は、それ自体の内部でさらに分裂し、多様化しているのである。とすれば、「差異」は文化間にあるだけでなく、文化の内部にもあると言わなくてはならない。

たとえば、D・A・ホリンガーによれば、アメリカでは多文化主義を考えるとき、たいてい「民族人種五角形」のもとに分類される。具体的には、ヨーロッパ系アメリカ人、アジア系アメリカ人、アフリカ系アメリカ人、ヒスパニック系アメリカ人、先住民のうちのどれかに分類されるのだが、これは白・黄・黒・茶・赤といった肌の色の区別に対応している。

しかし、こうした分類が、あまりにも大雑把であることは、誰が考えても分かるだろう。

〈差異は文化の内部にもある〉

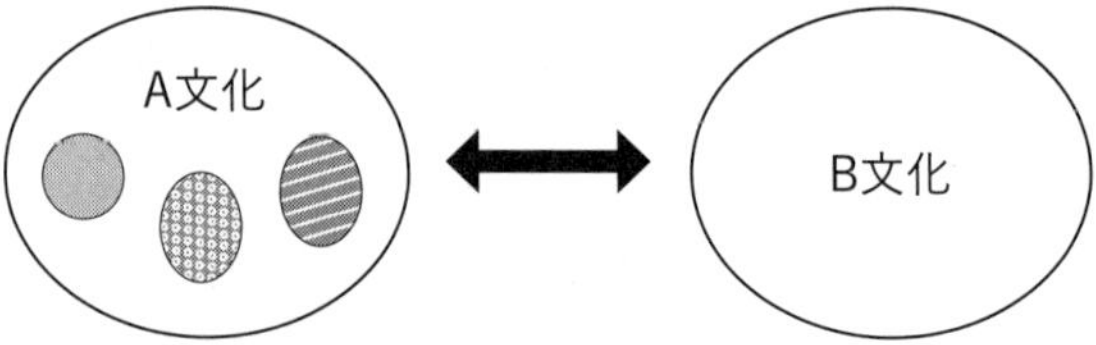

同じヨーロッパ系といっても、西欧と東欧では違うし、西欧もまたイギリス系、フランス系、ドイツ系、イタリア系その他に分かれ、さらにまた細分化が可能であろう。しかも、こうした分類は、けっして固定したものではない。ヨーロッパ系とアジア系の「混血」はいうまでもなく、多種多様な文化の交流によって、さまざまな文化的ルーツをもった人々が存在するからである。だとすれば、多文化主義が想定する「単一文化」は虚構の産物ではないだろうか。

その点はこれ以上問わないにしても、多文化主義にはもう一つの問題点がひかえている。それは、多文化主義になると、共同体に対して個人が自由ではなくなるのではないか、という懸念である。その理由を考えてみよう。

多文化主義の「差異の政治」は、共同体に対する個人の帰属を強調し、その共同体の存続・維持を求める。フランス系カナダ人として生まれれば、個人の希望がどうであれ、フランス系文化をしっかりと教え込まれるのだ。こうして、「アイデンティティ」を形成するように教育されるわけである。

しかし、こうした「差異の政治」は、個人に対する文化の強制に見えないだろうか。じっさい、テイラーの「承認の政治」に対して、次のような懸念が示されている。

承認の政治は、ある人の肌の色、性的身体が政治的に認知されることを要求するが、それは自分が肌の色や性的身体を自我の個人的次元として扱うことを望む人々が、そうすることを困難にする形で要求するのである。（……）承認の政治と強制の政治との間には、明確な境界線は存在しない。

（『マルチカルチュラリズム』）

こうして、「承認の政治」は、差異を強制することへ転化するのである。共同体の文化を強調すれば、個々人の自由は消失するかもしれない。

多文化主義はリベラリズムの一種か？

もう一つの問題は、テイラーの場合、多文化主義がリベラリズムを批判したコミュニタリアニズムから生み出されたにもかかわらず、多文化主義のためには必ずしもコミュニタリア

〈多文化主義を支える可能性がある思想〉

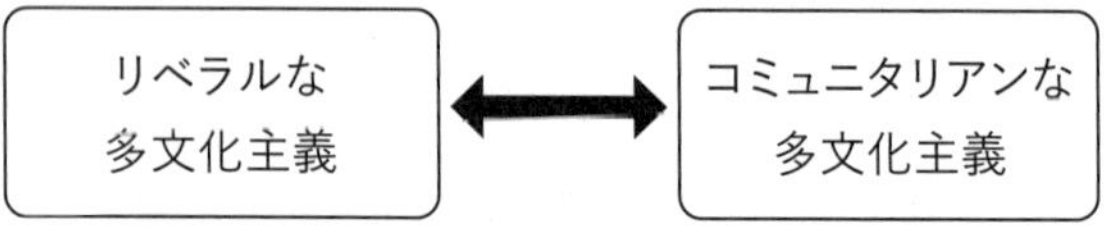

ニズムは必要ではないかもしれないことだ。つまり、多文化主義を支える思想として、二つの可能性があるのだ。一つはコミュニタリアニズムにもとづく多文化主義であり、もう一つはリベラリズムにもとづく多文化主義である。

なぜ、リベラルな多文化主義が可能かを考えてみよう。もともと、リベラルの出発点は、人々の多様性という事実を認めることだった。この多様性は、言うまでもなく文化の多様性についても当てはまるだろう。それぞれ違った文化に属する人たちの内容には一切かかわらず、それぞれの多様性を丸ごと肯定することが、リベラリズムの立場である。したがって、多文化主義を、リベラリズムが肯定することはあっても、否定することはないだろう。

たとえば、テイラーも寄稿している論集『マルチカルチュラリズム』のなかで、編者であるエイミー・ガットマンは次のように書いている。

> リベラル・デモクラシー的な多様性の擁護は、特殊主義的ではなく普

遍主義的なパースペクティヴにもとづいているのである。（同書）

こうした可能性は、もちろんテイラーも認めている。たとえば、テイラーは「『差異を顧慮しない』リベラリズムを擁護して行なわれることがある次のような主張」として、次のように述べている。

リベラリズムはすべての文化に属する人びとが出会い共存できる中立的な場を提供できる。（同書）

コミュニタリアニズムを取るテイラーとしては、こうしたリベラリズムの見解を批判するのであるが、リベラリズムもまた多文化主義を許容できることは重要だろう。

リベラリズムの場合には、多文化の異なる内容に対して考慮せず、普遍的な人間性という点で認めていく。その意味で、ガットマンが言うように「普遍主義的なパースペクティヴ」と言える。これに対して、それぞれの文化の差異に固執し、「特殊主義的なパースペクティヴ」をもつのが、コミュニタリアン的多文化主義である。

〈リベラリズムがPCと結びつき、多文化を認め、差別を批判する〉

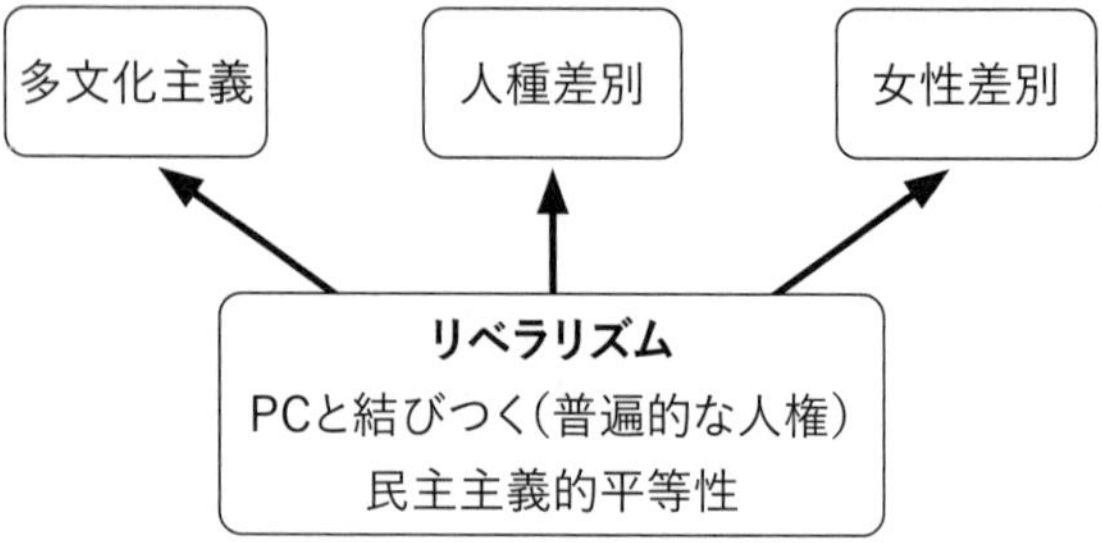

いずれを評価するかは立場によるが、少なくとも多文化主義がリベラリズムにも可能であることは、決定的である。リベラル・デモクラシーにおける平等性の主張として、多文化主義を理解しても間違いではない。この場合、コミュニタリアニズムの優位性はどこにあるのだろうか。

むしろ、リベラリズムの文脈から理解した方が、多文化主義とPCが結びつき、しばしば極端に走っていたことも、理解できるかもしれない。

第3章 プラグマティズムに回帰するアメリカ

ローティ登場

リベラリズムとリバタリアニズムのホットな論争が展開され、それに対するコミュニタリアニズムの批判が始まろうとしていたころ、分析哲学の伝統で育った一人の哲学者がリベラリズム論争に飛び込んできた。それが、リチャード・ローティ（1931―2007）である。

ローティは以前に、『言語論的転回』（1967）という分析哲学のアンソロジーを編集し、「言語論的転回」という言葉とともに注目されていた。その後、1979年に主著となる

『哲学と自然の鏡』を発表し、一挙にアメリカ思想の中心に飛び込んできた。この書でローティは、デカルトやロック以来の近代哲学を、ウィトゲンシュタイン、クワイン、セラーズといった分析哲学の新たな方向から、捉え直した。

分析哲学は19世紀から20世紀にかけて、ヨーロッパで始まったもので、フレーゲやラッセルそしてウィトゲンシュタインなどが始祖とされる。言語を通して世界認識をするというものだが、もともとは論理的な分析や論理学がベースとなっている。その後、彼らの研究にもとづき、論理実証主義が形成されたが、ナチス・ドイツの台頭によって、多くの研究者がアメリカに亡命した。そのため、戦後はアメリカが分析哲学の中心地となった。

ローティの特質は、何と言ってもその視野の広さにある。歴史的にはギリシア時代から現代までを網羅し、分野としては科学・芸術・文学・宗教・政治などにも関心をもち、ヨーロッパとアメリカを股にかけた議論を行なっている。ひとことで言えば、「領域横断的な知識人」なのだ。

その彼が、1982年になって、『プラグマティズムの帰結』を出版して、アメリカの伝統的な思想であるプラグマティズムを復権したのである。こうしたローティの転回以後、さまざまな領域でプラグマティズムが再評価されるようになった。

〈19世紀末～20世紀のアメリカ思想の流れ〉

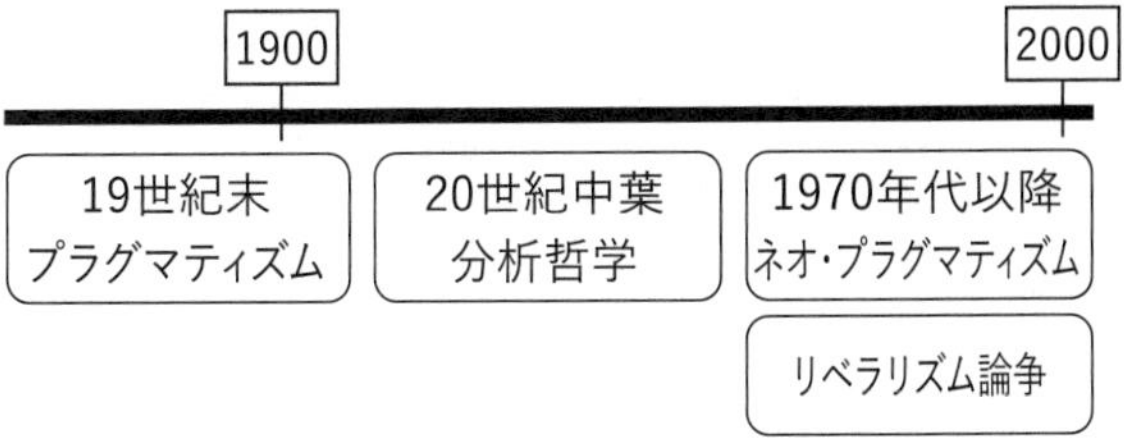

ここでかんたんに、アメリカ思想の歴史的な流れをふり返っておけば、古典的なプラグマティズムは１８７０年代にパースが提唱し、ジェイムズやデューイによって展開された。20世紀を迎えるころには、プラグマティズムはアメリカ社会に定着し、アメリカ固有の思想とまで言われた。

ところが、20世紀も中頃になると、プラグマティズムの影響力も次第に衰えてしまった。それに代わって、アメリカに登場したのが分析哲学である。ヨーロッパの論理実証主義者たちが、ナチス・ドイツから逃れてアメリカに亡命し、分析哲学の拠点がアメリカに移ったのだ。やがて、アメリカの大学では、分析哲学だけが唯一の真面目で正しい「哲学する」仕方だと見なされるようになった。

しかし、１９７０年代になると、分析哲学の隆盛にも陰りが見え始めた。そのころ、古典的なプラグマティズムに再び光が当てられると同時に、分析哲学のプラグマティズム化が進展していったのである。こうした流れを決定的したのが、ローティであった。彼は、分析哲学の素養を活かしつつ、プラグマティズムを復活させたのである。こうした彼の哲学は、一般に「ネオ・プラグマティズム」と呼ばれるようになった。

このように見ると、プラグマティズムの復活とネオ・プラグマティズムの提唱が、アメリカにおけるリベラリズムの隆盛と軌を一にしているのが分かるだろう。そしてじっさい１９８０年代には、リベラリズムとプラグマティズムは近づいていくのだ。したがって、アメリカの現代思想を理解するには、ネオ・プラグマティズムの議論を取り上げる必要があるのである。

1 ネオ・プラグマティズムとは何か？

古典的プラグマティズム

一口でプラグマティズムといっても、その主張者は多く、内容も少しずつ違っている。発端を考えてみても、パースとジェイムズの間には、理解の相違が広がっていた。そのため、プラグマティズムを一緒に築き上げた二人だが、しだいに対立することになる。

こうした状況なので、プラグマティズムを一義的に定義するのは難しいが、その出発点なら確認できる。それは、プラグマティズムの創始者パースが提示した「プラグマティズムの格率」と呼ばれるものだ。

私たちの概念の対象が、実際的なかかわりがあると思われるどのような結果をおよぼすと私たちが考えるか、ということをかえりみよ。そのとき、こうした結果にかんする私たちの概念が、その対象にかんする私たちの概念のすべてである。

（パース「我々の観念を明晰にする方法」）

やや難しいので、パースの説明を補っておこう。たとえば、「固い」とか「重い」といった概念を考えると、「固い」は「他のもので引っかいても傷がつかない」とか、「重い」は「物体に上向きの力を加えなければ下に落ちる」というように、「私たちにどんな結果をおよぼすか」という点から、理解されるわけである。

プラグマティズムが「実用主義」や「実際主義」と訳されたりするのは、あくまでも「私たちとのかかわり」のなかで、すべてが理解されるからだ。逆に言えば、私たちに何もかかわらないものは、何も意味がないわけである。

こうして、プラグマティズムは、たとえば人間と自然を対立させるような二元論的発想を、徹底的に拒否することになる。しかし、こうした考えは、プラグマティズムの評価について微妙な影を生み出すことになる。

たとえば、「真理」といえば、通常は人間から独立し、客観的に存在すると見なされ、科学的な探求によって発見すべきものと考えられる。ところが、ローティはこうした理解を「プラグマティズム」の名のもとで、あっさりと捨て去ってしまう。

〈探究は一点に収束する運命にある――言いかえれば、《真理》は「外に」あって人間が到達するのを待っている〉という考えを、私たちプラグマティストは捨ててしまう。

（ローティ『連帯と自由の哲学』）

こうしたローティのプラグマティズム理解は、古典的なプラグマティズムの研究者からは、もしかしたら暴論に見えるかもしれない。それでも、ローティが現代に対応する形で、プラグマティズムを復活させたのは間違いない。では、ローティは自分のプラグマティズム（ネオ・プラグマティズム）を、どう考えたのだろうか。

ローティの「ネオ・プラグマティズム」

ローティは、古典的なプラグマティズムとの違いを、次のように説明している。「私たち新プラグマティストは言語について語るのですが、旧プラグマティストは経験や心、意識について語る」。ローティが20世紀哲学の特徴を「言語論的転回」と表現したのは有名だが、彼のプラグマティズム自体が言語論的転回なのである。

しかし、言語がどうして問題になるのだろうか。少し長くなるが、ローティの中心となる考えなので、引用しておきたい。

リチャード・ローティ

人間は誰しも、自らの行為、信念、生活を正当化するために使用する一連の言葉を携えている。私たちはこうした言葉を使い、友人への称賛や敵への軽蔑、長期的な計画、とても根深い自己疑念、とても崇高な希望を明確に述べる。こうした言葉を用いて、時に先を見越しつつ、時に振り返りつつ、人生の物語を語る。このような言葉を、その人の「最終的な語彙（ファイナル・ボキャブラリー）」と呼んでおくことにしよう。それが「最終的」であるのは、こうした言葉の価値が疑われたときに、この言葉を使う者は、循環論法に陥らざるをえない、という意味においてである。この言葉は、私たちが言語を手放さないかぎり、どこまでもついてくる。

（ローティ『偶然性・アイロニー・連帯』）

こうしたローティの基本的な考えは、「人間も文化も、具体的な姿を取った語彙（ボキャブラリー）である」というテーゼにまとめることができる。しかも、こうした「ボキャブラリー」は、科学史家のトーマス・クーンが「パラダイム」と呼んだものと類比的に考えられている。パラダイムはもともとは「範例」を意味するが、クーンは科学の歴史や構造を説明するために特別の意味を与えた。それによると、「専門的科学者の共同体を支配し、かつ広く受け入れられているものの見方、問い方、解き方の総体」とされる。

たとえば、アリストテレスの自然学からガリレオの力学への転換について見てみよう。ローティによれば、近代の科学革命は、「伝統的なアリストテレス主義のボキャブラリー」から、ガリレオの「数学的ボキャブラリー」への転換として理解される。こうしたボキャブラリー主義から、ローティはプラグマティズムの基本的な考えを、あらためて作り直している。

私が「プラグマティズム」と呼んでいるものは、（……）やや親しみのこもった仕方で、「新ぼかし主義」ともよばれている。なぜなら、それは、基準的合理性の考え方が育んできた、客観的なものと主観的なもの、事実と価値という区別そのものを、ぼかしてしまおうとするものだからである。私たちぼかし主義者が望んでいるのは、「客観性」の観念を、「強制によらない合意」の観念と取り換えることである。

（『連帯と自由の哲学』）

こうして、ローティはプラグマティズムを復活させるにあたって、ボキャブラリーや人々の合意にもとづいて、根本的に組み換えようとしたのである。

ローティのポストモダン化

ローティが構想する「ネオ・プラグマティズム」では、科学や哲学の位置づけが、まったく変わってしまう。一般的には、「科学」は客観的な真理の探究であり、「哲学」は知識の究極的な基礎づけと見なされてきた。ところが、ローティはそうした「科学」や「哲学」を、「大文字の科学（Science）」や「大文字の哲学（Philosophy）」と呼び、批判している。たとえば、科学については、こんな風に語っている。

プラグマティズムは、かつて「大文字の神（God）」によって占められていた場所をうめる偶像として、「大文字の科学」を立てたりはしない。それは科学を文学の一ジャンルと見なすのであり、別の言い方をすれば、文学や芸術を、科学と同じ足場に立つ探究と見なすのである。

（ローティ『プラグマティズムの帰結』）

今までの発想では、文学や芸術のような主観的な探究に対して、科学は「客観的な真理」の探究として、いわば特権化されてきた。ところが、ローティはこうした区別を認めないのである。

これについては、「哲学」も同じように考えられている。他の学問の基礎づけとなるような「大文字の哲学（Philosophy）」は拒絶され、哲学はむしろ「文化批評」となる、と言われる。

こうしたローティのネオ・プラグマティズムは、ともすると同じ時期に流行していたポストモダニズムのアメリカ版のように理解されることもあった。というのも、「大文字の哲学の終焉」を唱えるローティのネオ・プラグマティズムは、「大きな物語の終焉」を叫ぶ「ポストモダン」を連想させたからである。

また、ローティは古典的なプラグマティストたち、たとえばジェイムズやデューイを、ポストモダニストが愛好するニーチェやフーコー、デリダの考えと共通のものとして説明している。さらに、「デューイとハイデガーの間の類似をすべて数え上げていくのは離れ業に見えるだろう」とまで語っている。だとすると、ローティはポストモダニストとして理解すべきだろうか。

ところが、ポストモダンに接近するかに見えるローティは、その後「リベラリズム」へと向かうのである。これはどう理解したらいいのだろうか。

2 リベラリズムに接近したローティ

1980年代のロールズの変化

ローティは「哲学に対する民主主義の優位」(1988)という論文の中で、ロールズの「リベラリズム」をアメリカのリベラルな政治の伝統から問い直し、新たな理解の方向を提唱している。この論文の年代を見ても分かるように、すでにコミュニタリアニズムからの批判が提示された後である。ローティとしては、コミュニタリアニズムの「リベラリズム批判」をふまえた上で、ロールズを再評価しようとしている。ローティはロールズを、どう理解したのだろうか。

ローティによれば、ロールズは私的なものと公的なものを区別し、政治制度が公共的領域として、私的な道徳や宗教にはかかわらない、と考えている。私的な領域では、さまざまな対立があったとしても、公的な領域は影響されないのである。たとえば、ロールズの次の文章を、ローティは「私的(善)と公的(正義)との区別」という観点から読むわけである。

要点は次の通りである。じっさいの政治問題としては、どのような一般的道徳観念も、現代民主主義社会における公的な正義観念の基盤とはなりえない。現代民主社会の社会的、歴史的諸条件は、宗教改革後の宗教戦争と寛容の原理の発展、それに、立憲政治の興隆と大規模市場経済の諸制度に由来する。これらの諸条件は、有効な政治的正義観念の要件に影響している。つまり、そのような観念は、教説の多様性を認めなければならず、〈現存する民主社会の構成員が肯定する善の観念には、相矛盾し、共約不可能でさえあるようなものが複数ありうる〉ことを、認めなければならない。

（『連帯と自由の哲学』）

注意しておきたいのは、ここで引用されたのが、リバタリアニズムやコミュニタリアニズムによって批判された、『正義論』ではないことだ。これは、ロールズが1985年に発表した論文「公正としての正義——形而上学的ではなく政治的」からの文章だ。

実を言えば、ロールズの『正義論』は、リベラリズムの原理をカント主義的に、つまり非歴史的に展開したものだ。ところが、その後のさまざまな批判をふまえながら、ロールズは歴史主義的でプラグマティズムの方へ、立場を変更したのである。それが明確な形で著作となったのは、『政治的リベラリズム』（１９９３）であるが、基本的な考えは論文として１９８０年代に発表されていた。ローティは、こうしたロールズの変化を察知して、リベラリズムを評価したのである。では、ローティが評価するロールズのリベラリズムとは、どのようなものだろうか。

リベラリズムの変容

まず、「徹底した歴史主義、反普遍主義的態度」である。この点で、「ロールズは、カントに反対するヘーゲルやデューイに心から同意することができる」と、ローティは語っている。ローティによれば、ロールズが試みているのは、「アメリカリベラリズムの超越論的演繹」を行なうことでも、「民主制度の哲学的基礎」を与えることでもない。では、ロールズは何をしているのだろうか。

> ロールズはただ、アメリカのリベラルが典型的に持っている原理や直観を、体系化しているにすぎない。（同書）

『正義論』を書いた直後のロールズが聞いたら、思わずのけ反ってしまうような解釈だが、その後のロールズの変化を見ると納得できるのだ。それほど、ロールズは変わってしまったのである。

もう一つ、ローティが評価する論点は、私的なものと公的なものとの明確な区別である。個々人の宗教的な信仰や善悪についての道徳的な考え、人生の意義といった話題などは、あくまでも私的なものであって、公共的な社会理論や政治制度にはかかわりがない。たとえ、私的な領域ではそれぞれ相矛盾し相互に対立するとしても、公共的な領域では「公正としての正義」が達成されなくてはならない。それをロールズは、「重なり合う合意」と呼び、次のように語っている。

「重なり合う合意」とは、対立する哲学教説や宗教的教説のうち、多少とも公正な立憲民主社会において生き残って支持者を得そうなものを、すべて含んでいるような、そういった合意のことである。（同書）

〈リベラリズムの変容と他の思想との関係〉

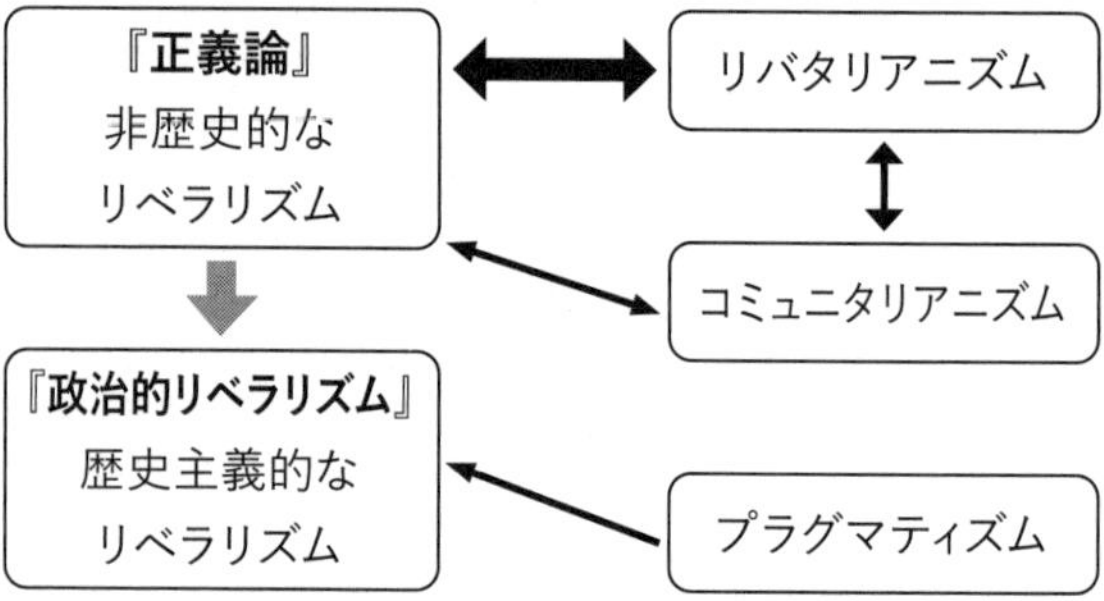

こうして、ローティは、リベラリズムをプラグマティズム的に解釈することによって、リベラリズムに賛意を示すわけである。

コミュニタリアンの誤解

ローティが理解するリベラリズムは、コミュニタリアニズムが批判したリベラリズムとは違って、むしろ歴史的文脈を強調し共同体を尊重するコミュニタリアニズムと近くなっている。とすれば、ローティはコミュニタリアニズムをどう考えているのだろうか。ここでは、二つほど指摘しておこう。

まず、コミュニタリアニズムのリベラリズム理解について、ローティは面白いことを述べている。先ほど私は、ロールズの立場が『正義論』から変化した、と説明した。ところが、これはロールズの変化ではなく、ロールズ理解の

〈コミュニタリアンによる誤ったロールズ解釈〉

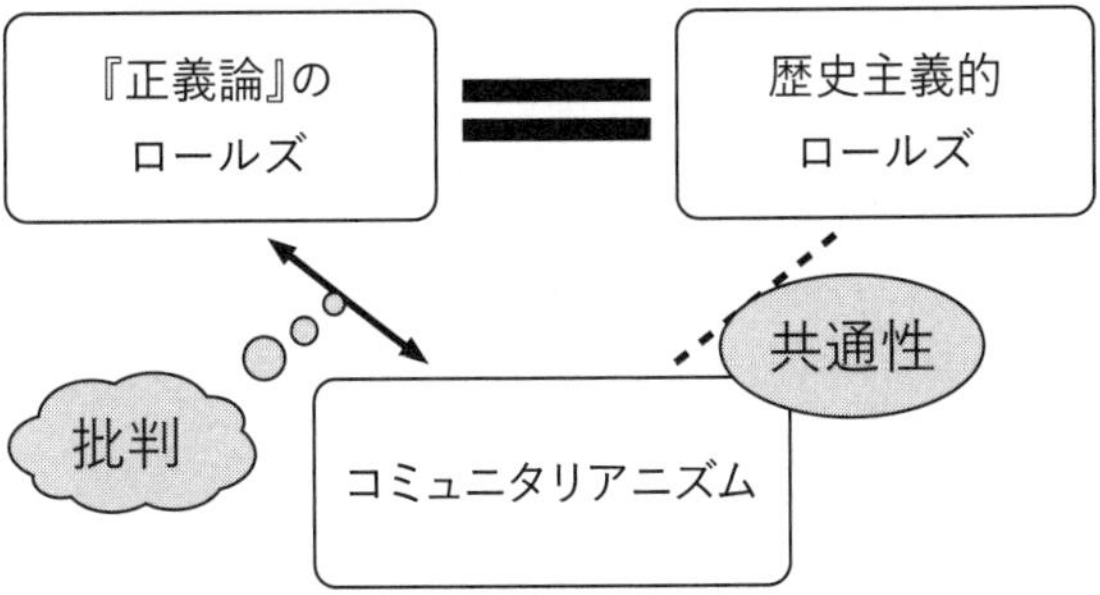

変化なのである。ローティによると、「私（ローティ）も含め多くの人びとは、ロールズの『正義論』を、カント主義的で超歴史的な試みと見なしていた。だからこそ、コミュニタリアンはリベラリズムを批判した」というわけである。

ところが、その後のロールズの論文を見て、こうした理解が「誤った解釈」であることに気づいた、と語っている。かんたんに言えば、コミュニタリアンは、『正義論』を誤読したうえで、批判したわけである。その後に展開されたた、歴史主義的なロールズを見れば、コミュニタリアニズムの批判は当たらない。というのも、「『正義論』はもはや、人間的自我の哲学的説明に依拠するものとは思えない」からである。

もう一つの点として、ローティはコミュニタリアニズムが積極的に提唱する「共通善」について、その内容が空疎であることを白日の下に晒《さら》している。次の引用を見れば、表現は抑えているが、批判的意図は明らかだろう。

サンデルは、「〈政治がうまくいけば、一人では分からない共通善が分かる〉という可能性」をリベラルは「忘れている」という言葉で自分の本を結んでいるが、この共通善の候補を示唆してはいない。私見によれば、コミュニタリアン（共同体主義者）は、このように、〈哲学的反省もしくは宗教への還帰によって、もう一度世界に魔法をかけることができるかもしれない〉などと示唆すべきではない。（同書）

ここで「世界に魔法をかける」というのは、マックス・ウェーバーが近代的な「啓蒙」や「合理性」を、「世界の魔法が解ける」と表現したことにもとづいている。コミュニタリアニズムは、近代以前の共同体、たとえばギリシア的な共同体などを賞賛しがちである。しかし、こうした近代以前の共同体志向が、民主主義を基盤とした近代社会よりも優れていることとは、何も示されていない。それに対して、ローティはリベラリズムとともに、近代社会の民主制を高く評価するのだ。

3　文化左翼（ＰＣ）批判とアメリカ回帰

ポストモダンの清算

１９８０年代にローティはリベラリズムへ向かっていったが、それとともに、ポストモダンへの態度も、変化し始めている。

ポストモダンは、１９７０年代から80年代にかけて、アメリカをはじめ先進諸国で大流行となった文化運動である。はじめは建築の様式（ポストモダン建築）などで話題となったが、フランスの哲学者フランソワ・リオタールが『ポストモダンの条件』で、「ポストモダン」を「大きな物語の終わり」と定義し、多様性や差異を強調した。

もともと、ローティのネオ・プラグマティズムには、ポストモダンとの共通性が含まれていた。その一つは、彼の「自文化中心主義」の強調である。これが一般には、「相対主義」と理解され、彼の立場をポストモダン的と評することにもつながった。

客観性とは間主観性のことだと言えば、すぐに相対主義者だという非難が返ってこよう。プラグマティストは、伝統的にそう呼ばれてきた。だが、「相対主義」という言葉には複数の意味がある。（……）〔ローティの主張では、〕真理や合理性については、〈所与の社会――つまり私たちの社会――のそれぞれの探究領域で、通常どういった正当化の手続きが取られているか〉ということしか言えないとする、自文化中心主義的見解である。

（同書／〔　〕は筆者補足部分）

こうした「自文化中心主義」に加えて、忘れてはならないのが、ローティの「アイロニズム」である。アイロニズムとは何か。彼のイメージを伝える、興味深い比喩を引用しておきたい。

アイロニストは何ごとも本有的特性、真の本質なるものをもたないと考える。（……）アイロニストは、自分が誤った種族に加入させられ、誤った言語ゲームを演ずるように教えられてきたのではないか、そんなことがありうるのではないか、と憂慮して過ごす。自分にある言語を与えることで自分を一個の人間たらしめた社会化の過程そのものは自分に誤った言語を与え、自分を誤った種族の人間たらしめたのかもしれない、と心配する。
（同書）

一方で、どんな立場であれ、「自文化中心主義」でしかありえないと自覚しつつ、他方でその文化が、誤っているかもしれないという疑問をいだきつづける「アイロニスト」、これがローティの立場であった。

こうしたローティの立場は、「大きな物語」の終焉を語り、多様性を強調するポストモダニストと見られても、不思議ではない。じっさい、ポストモダニストが愛好するニーチェやハイデガーを評価し、ポストモダニストと見なされたフーコーやドゥルーズやデリダについて肯定的に語っていた。

私の考えでは、ジェイムズやデューイとは、分析哲学が歩んできた道のゴールで待っているだけでなく、たとえばフーコーやドゥルーズが最近歩んでいる未知のゴールでも待っているのである。
（『プラグマティズムの帰結』）

ところが、こうしたポストモダンに対する評価が、90年代にはいるとすっかり変わってしまう。

文化左翼とは何か

20世紀も終わりに近づくころ、ローティはきわめて論争的な著作を出版している。原題は、『我々の祖国を完成する（*Achieving Our Country*）』であるが、邦訳は『アメリカ　未完のプロジェクト』となっている。このタイトルからも分かるように、全体を貫いているのは、「祖国アメリカ」に対する熱烈な思いである。

この書でローティが基本に据えているのは、「改良主義的左翼」と「文化左翼」との区別である。ローティは「文化左翼」に対して手厳しく批判するのに対して、「改良主義的左翼」には共感をもって語っている。

改良主義的左翼は、社会を革命のような方法で一挙に変えてしまうのではなく、賃上げのような労働者の待遇改善を積み重ねていくことによって、社会を経済的に改良することを目指している。

では、「文化左翼」とは何を指しているのだろうか。これについて、ローティが厳密に定義しているわけではないが、大まかに言ってしまえば、当時流行していたポストモダン系の学問や、「カルチュラル・スタディーズ」などである。しかし、その意味はもっと広がるはずだ。たとえば、「文化左翼」について、ローティはこんな風に説明している。

この〈（文化）左翼〉のメンバーの多くは、「差異の政治」とか「アイデンティティの政治」、「承認の政治」と自らが呼ぶものを専門にする。この文化〈左翼〉は、金銭よりも侮蔑について考察し、皮相であからさまな貪欲よりも深く隠された性心理の動機づけについて考察する。（……）大学で教壇に立つ私たちがアメリカ人に他者を認めることを教えなければならない、と大学〈左翼〉は信じている。そのために、左翼は、女性史、黒人史、ゲイ研究、スペイン系アメリカ人研究、移民研究のような学問の研究分野を総合する手助けをしてきた。
（ローティ『アメリカ　未完のプロジェクト』）

こうした〈文化左翼〉のリストを見ると、多文化主義やフェミニズム、さまざまなマイノリティ尊重の運動が、思い浮かぶだろう。そして、こうした〈文化左翼〉の広がりに応じて、「ＰＣ（ポリティカル・コレクトネス）」と呼ばれる考えが、社会的に浸透していったので

〈文化左翼と改良主義的左翼〉

ある。

注目したいのは、こうした文化左翼に愛好される哲学者として、ローティが「ニーチェ、ハイデガー、フーコー、デリダ」の名前を挙げていることだ。ここから分かるのは、ローティがかつて頻繁に引用した哲学者たちが、文化左翼の淵源と見なされていることである。ローティは、もはやポストモダン的な〈文化左翼〉の主張に、積極的な意義を認めていない。

> フーコー的権力の遍在は、サタンの遍在を連想させ、そして原罪の遍在――すべての人間の魂についている悪魔の染み――を連想させる。（……）デリダが展開する「無限の責任」という観念は公的な責任の問題に取り掛かる場合には、有害なだけである。（同書）

こうして、文化左翼を批判して、ローティが向かうのは「祖国アメリカ」である。

アメリカ回帰

しかし、それにしても、どうしてアメリカ回帰なのだろうか。ローティの「アメリカ愛」の源はどこにあるのだろうか。ローティは詩人のウォルター・ホイットマンとプラグマティストのデューイから始めて20世紀末にいたるまでのアメリカの歴史を展望して、次のように述べている。

ホイットマンがはっきりと述べていたことは、彼が「アメリカと民主主義という言葉を交換可能なものとして使用する」ことであった。デューイは、それほど明確に述べてはいないが、「真に民主的な」を最高の敬称として使用するとき、明らかに民主主義の実現されたアメリカを心に描いているのである。（……）彼らは社会正義を求める闘争が、アメリカの活性化の行動規範となり、国民の魂となることを望んでいたのである。（同書）

ローティによれば、文化左翼に対比される「改良主義的左翼」は、社会における経済的不平等を是正するために活動し、富の再分配を求めることによって、民主主義をおし進めてきた。ところが、1980年代以降、大学に広まっている「文化左翼」は、経済的不平等を問題にせず、「経済的事情とは異なる理由で辱められている人々」をテーマにするようになった。しかし、文化左翼ではなく、改良主義的左翼がどうして必要なのだろうか。

ローティは、80年代以降世界的に進展しているグローバリゼーションを念頭に置きながら、次のように述べている。

文化〈左翼〉は、国家の政治に携わることができない。（……）その文化〈左翼〉は、グローバル化のもたらす結果に対処するよう求めることのできるような、〈左翼〉ではない。国家をグローバル化のもたらす結果に対処させるためには、現在の文化〈左翼〉は、古い改良主義的〈左翼〉の生き残り、とくに労働組合との関係を切り開くことによって、みずから変貌していかなければならないだろう。（同書）

文化左翼を批判して、旧来の改良主義的左翼を呼び出すことは、本当に有効なのだろうか。ローティは改良主義的左翼を賛美するのに対して、その問題点には目を向けようとしない。しかし、改良主義的左翼は、世界のグローバル化によって、どうして衰退したのだろうか。

こうした改良主義的左翼の戦略もさることながら、ローティのアメリカ賛美は、彼の自文化中心主義を裏切ってしまうように見える。ローティが自文化中心主義を語るときは、旧来の自文化中心主義とは距離を取っていた。アイロニズムを導入することで、夜郎自大《やろうじだい》になりがちな自文化中心主義に歯止めをかけていた。

ところが、『アメリカ　未完のプロジェクト』を読むと、そうした抑制が消えて、自文化中心主義は、アメリカ「文化帝国主義」になったように見える。ローティは、「我々の祖国アメリカ」を自己目的化しているように思えるのだ。ローティの「自文化中心主義」は、アメリカ合衆国への愛国心へ変わったのだろうか。

第2部

デモクラシーとその彼方

本書の前半では、1970年代から始まったリベラリズムを中心にして、20世紀末にどのような論争が展開されたのか、見てきた。ところで、リベラリズムの問題は、デモクラシー（民主主義）のあり方と密接に結びついている。したがって、もしリベラリズムに批判があるとすれば、デモクラシーも無傷のままではありえないし、その逆も言える。

そして今日《こんにち》、デモクラシーはまさに危機に瀕《ひん》しているのだ。たとえば、社会学者のアンソニー・ギデンズは1999年に発表した『暴走する世界』において、次のように語っている。

デモクラシーのパラドックスとは、次のことである。（……）デモクラシーは世界中に広まりつつある。しかし、その反面、後発のデモクラシー国家が模範とあがめる成熟したデモクラシー国家では、民主的なプロセスへの幻滅がつのりつつある。ほとんどの欧米諸国では、過去数年のうちに、政治家への信頼の度合いは目に見えて低下した。往年に比べて、選挙の投票率は、とくにアメリカで低下した。議会政治に無関心な人の数が、若年層を中心に増加の一途をたどっている。成熟したデモクラシー国家の市民が、デモクラシーへの幻滅を禁じえなくなったのに、デモクラシーが世界中のその他の地域に広まりつつあるのは、いったい、なにゆえのことなのか。

（ギデンズ『暴走する世界』）

これを読むと、そもそもデモクラシーは有効なシステムなのか、疑問をもつのではないだろうか。先進国で、とくにアメリカでデモクラシーへの不信が広がっているのは、どうしてだろうか。

第２部で取り上げるのがまさにこの問題である。１９８０年代の後半に、共産主義が崩壊して、世界は「リベラル・デモクラシー」一色になった。インターネットが世界中に広がって、情報が瞬時のうちに世界中を駆け巡るようになった。グローバリゼーションが進展して、ヒト・モノ・カネが自由に往来するようになった。これを称して、フランシス・フクヤマは「歴史の終わり」を宣言した。世界は「リベラル・デモクラシー」によって、対立が消滅し、完成されるはずだった。

ところが、人間同士の対立は消滅するどころか、今までとは違った形の対立が先鋭化するようになったのである。リベラル・デモクラシーによって、経済的な格差が広がり、文化や国家や宗教間の衝突が頻発するようになっている。

アメリカ国内で見ても、公民権運動とリベラリズムの展開によって、人種間の対立は消え、平等な権利が保障されるはずだった。ところが今日、「BLM（Black Lives Matter）」や「#MeToo」運動を見ても分かるように、民主的な平等性の確立にはほど遠い。また、経済的な格差は広がる一方であり、国民の「1%と99%」の対立が強調され、２０１１年には「ウォール街の占拠」運動まで起こっている。

こうした状況に直面したとき、いったいどう考えたらいいのだろうか。根本的に問われているのは、「リベラル・デモクラシー」をどうするのか、ということである。この第2部で、その問題を確認するとともに、さまざまな提案を見ていくことにしたい。

この第2部で取り上げる思想について、かんたんに見ておこう。

まず、第4章では、共産主義の崩壊とともに成立した「歴史の終わり」について、その意味を探っていく。「歴史の終わり」という概念には、人間同士の対立が消滅することが含意されていた。ところが、21世紀になって新たな対立が次々と湧き起こり、「歴史の終わり」が終わり始めている。

次に、第5章では、20世紀末から始まった新たなテクノロジーと、それにともなって興隆しつつあるリバタリアン思想、およびそこからスピンアウトした「新反動主義」の動きを追っていく。従来の「新保守主義（ネオコン）」とはまったく違った「オルタナ右翼」が躍動している。この潮流があったからこそ、トランプ支持も広がったわけである。

最後の第6章では、アメリカにおける社会主義の可能性について探っていく。もともと、アメリカには社会主義思想は馴染まない、と言われていた。とりわけ、「歴史の終わり」以降、社会主義は世界的にも停滞していた。ところが、最近では社会主義への共感が若い世代を中心に広がり始めている。この動きが、どこまで力をもっているのか、確かめることにしたい。これによって、テクノロジーの重要性が、あらためて理解されるだろう。

第2部の論じ方について注意しておけば、取り扱う内容は最近のものが多く、一般的にも評価が定まっていない。そのため、ここでは古典に接するような態度ではなく、時事的にアプローチする形になるだろう。現在進行形の思想であることに、留意していただきたい。

第4章

「歴史の終わり」から、何が始まったか？

現実世界にも影響を与えたネオ・リベラリズム

アメリカで、コミュニタリアンやプラグマティストを巻き込んで、リベラリズム論争が広がり始めていたころ（1980年代）、世界的には対立の図式が大きく変わり始めていた。政治学者フランシス・フクヤマ（1952―）は、その変化を「歴史の終わり」と呼び、リベラル・デモクラシーの世界的な勝利を宣言した。しかし、何がどう変わったのだろうか。

政治的に見ると、社会主義諸国が崩壊し東西対立が消えたことであるが、実はもっと大きな地殻変動が起こっていた。これ以後の世界は、ここを起点として理解しなくてはならない。

具体的な議論を進めるに先立って、あらかじめ用語の確認をしておきたい。第1部で問題になったのはリベラリズムだった。1930年代ごろから、福祉主義的な意味で使われ、政府による介入を擁護する考えだ。1970年代にロールズが『正義論』で定式化し、その後論争になったのも、こうした意味のリベラリズムである。

ところが、第2部で議論の的になるのは、「ネオ・リベラリズム」で、「新自由主義」とも訳されている。話がややこしいのは、この「ネオ・リベラリズム」が「リベラリズム」を批判する形で、登場したことだ。もともと、「リベラリズム」という概念自体が、多義的であり、その意味内容が複雑なのに、これに「ネオ（新）」をつけることで、余計に混乱してしまいそうだ。

言葉として、今日的な意味で「ネオ・リベラリズム」を使ったのは、経済学者のミルトン・フリードマン（1912―2006）にさかのぼる（言葉だけでは、もっと前の使用例もある）。彼は、1951年に発表した論文「ネオ・リベラリズムとその展望」の中で、福祉主義的な政府による介入（つまりリベラリズム）を「集産主義（Collectivism）」と呼び、批判するとともに、それに代わる新たな思想として、「ネオ・リベラリズム」を提示している。

フリードマンがこの思想を展開したのが、『資本主義と自由』（1962）や『選択の自由』（1980）である。ただし、フリードマン自身は、1951年の論文以降は、「ネオ・リベラリズム」という用語を使わないで、自分の方こそ「真のリベラリズム」と考えている点は注意しておきたい。

こうしたフリードマンの「ネオ・リベラリズム」論は、『隷属への道』を著わしたハイエクの議論に導かれたものだ。そのため、「ネオ・リベラリズム」は一般に、ハイエクやフリードマンの思想と見なされている。

しかし、ネオ・リベラリズムは経済学の単なる一潮流としてではなく、現実世界にも大きな影響を与えるようになった。レーガンやイギリスのサッチャーといった政治家たちが、こぞってネオ・リベラリズム的な政策を行なったからである。レーガンの大統領在任期間（1981―89）やサッチャーの首相在任期間（1979―90）に注目してほしい。それぞれ「レーガノミックス」や「サッチャリズム」と呼ばれ、1980年代の世界的な流れをつくったのである。その基本に、「ネオ・リベラリズム」があった。

こうして見ると、これから取り上げる思想で何が議論されるのか、およそ分かるのではないだろうか。そこで、具体的な考えを一つひとつ確認しながら、それらがどこへ向かっていくのか、展望することにしたい。

1 フクヤマの予言――民主主義、資本主義の代わりはない

「歴史の終わり」とは「対立の終わり」

１９８９年11月に「ベルリンの壁」が崩壊し、共産主義という「大きな物語」が潰《つい》え去った。この画期的な出来事に先立って、いわば予言するかのように論文を発表したのが、フランシス・フクヤマだった。

彼は、その年の夏に「歴史の終わりか？（*The End of History?*）」という小論を『ナショナル・インタレスト』誌に寄稿していたので、現実の進展とともに「歴史の終わり」という概念が大きな話題を呼び起こすことになったのである。その後、フクヤマは著作として『歴史の終わりと最後の人間』（“*The End of History and the Last Man*”；邦訳『歴史の終わり』）（１９９２）を出版したが、残念なことに「歴史の終わり」という言葉じたいは、十分理解されているとは言えない。

フランシス・フクヤマ

そこでまず、フクヤマが「歴史の終わり」という言葉で何を考えていたのか、確認することから始めよう。もともと、フクヤマも言うように、この言葉はヘーゲルを解釈した、フランスの哲学者アレクサンドル・コジェーヴ（1902―68）が使ったものだ。したがって、先にコジェーヴがいかなる意味で「歴史の終わり」を語ったのか、見ておくことにしよう（というのも、コジェーヴが「歴史」をどう考えたのかを理解しなくては、「歴史の終わり」という発想も分からないからだ）。

コジェーヴの発想の基本にあるのは、ヘーゲルの『精神現象学』（1807）に対する独特の解釈である。彼の解釈によれば、人間の「歴史」は「人間同士の対立」（具体的には主人と奴隷の対立）から始まると考えられている。

そのため、この対立が終わるとき、人間の歴史が終わるわけである。「主人と奴隷との相違、対立が消失するとき、（……）歴史は停止する」（コジェーヴ『ヘーゲル読解入門』）。これが、「歴史の終わり」という概念を考えるとき、重要なポイントだ。これが理解されなければ、「歴史の終わり」という言葉は、まったくのナンセンスになってしまう。

つまり、コジェーヴの理解で重要な点は、「歴史の終わり」が「対立の消失」と見なされることだ。そのため、コジェーヴは歴史の終わりについて、次のように語ることができる。

普遍的で等質な帝国が一度確立されるならば、もはや戦争も革命もなくなり、人間は以後そこで生命を危険にさらさずに生きることができる。（コジェーヴ『ヘーゲル読解入門』）

こうしたコジェーヴの「歴史の終わり」の概念を、フクヤマは共産主義崩壊後の世界に読み取ったのである。つまり、世界中が「リベラル・デモクラシー」一色になって、もはや対立が消失する段階として、フクヤマは「歴史の終わり」を宣言したわけである。

われわれが目撃しているのは、単に冷戦が終わったことを表わしているだけではないし、戦後史の一ページが過ぎ去ったことを示しているだけではない。むしろ歴史そのものの終わりを意味している。つまり、人類のイデオロギー的な進展は終局に達したのであり、欧米のリベラル・デモクラシーが人類の統治形態として究極のものであることを示しているのである。

（フクヤマ「歴史の終わりか？」）

もうお分かりであろう。フクヤマが「歴史の終わり」というのは、西洋のリベラル・デモクラシーが共産主義に勝利したことであり、これとともに、すべての対立が終わるという意味で「歴史の終わり」だったのである。

デリダやジジェクの批判

こうしたフクヤマの「歴史の終わり」に対して、フランスの哲学者であるジャック・デリダ（1930―2004）は、すぐさま反応している。彼はフクヤマの著作が出版された一年後に、『マルクスの亡霊たち』（1993）を発表し、フクヤマを手厳しく批判している。

その言説はありとあらゆる語調で、ゆるぎない自信をもって、単にマルクス主義モデルをもとに建設されたすべての社会が終わりだと診断するばかりでなく、端的に歴史が終わりだとは言わないまでも、マルクス主義の伝統一切が終わりであり、さらにはマルクスの著作への一切の言及が終わりだと診断をくだす言説である。そうしたものすべては、リベラル・デモクラシーと市場経済の歓喜のなかで終わりを迎えたというのである。

（デリダ『マルクスの亡霊たち』）

こうしたフクヤマに対する見解については、たしかに理解できるものの、フクヤマが問題にしたリベラル・デモクラシーや資本主義経済について、デリダはどう考えているのだろうか。フクヤマを問題にするなら、実はこれこそが根本的であろう。

ところが、デリダ自身は、資本主義のさまざまな問題点を個々に挙げているが、社会的な制度としていったいどうすればいいと言っているのか、はっきりしないのである。フクヤマが語るのは、リベラル・デモクラシーや資本主義に代わるものを具体的に想定するのは不可能だ、ということである。これに、どう対応すればいいのだろうか。

同じことは、現代思想界のヒーロー、スロベニアの哲学者スラヴォイ・ジジェク（１９４９―）についても指摘できる。ジジェクは、２０００年に出版された『脆弱なる絶対』において、次のように語っている。

フランシス・フクヤマの「歴史の終わり」をめぐるテーゼはすぐに不評になったものの、われわれは無言のまま、リベラル・デモクラシー的資本主義のグローバルな秩序こそが最終的に見出される「自然な」社会体制である、といまなお信じている。

（ジジェク『脆弱なる絶対』）

このように見れば、フクヤマの「歴史の終わり」というテーゼは、きわめて難しい問題を提起しているのが分かる。リベラル・デモクラシーにしても、資本主義にしても、個別的な問題点についていては、しばしば指摘される。ところが、それに代わるものが提示されることは、皆無なのである。その意味で、フクヤマの言うように「歴史の終わり」なのである。

オルタナティブが消える！

このように考えると、フクヤマが「歴史の終わり」という言葉によって何を提起したのか、その深刻さが明らかになってくる。

それを理解するため、今度はジジェクが２００８年の金融大崩壊にさいして語った、次の言葉を取り上げてみよう。彼は、２００９年に出版された『ポストモダンの共産主義』のなかで、次のように語っている。

じつは進行中の危機の最大の犠牲者は、資本主義ではなく左派なのかもしれない。またしても世界的に実行可能な代案を示せないことが、誰の目にも明らかになったのだから。そう、窮地に陥ったのは左派だ。まるで近年の出来事はそれを実証するために仕組まれた賭けであったかのようだ。そうして破滅的な危機においても、資本主義に代わる実効的なものはないということがわかったのである。（ジジェク『ポストモダンの共産主義』）

これを語っているのが、左派中の左派であるジジェクだという点に注目してほしい。共産主義の旗を掲げつづけているジジェクが、「資本主義に代わる実行可能な代案」を示せないのだ。

フクヤマが「歴史の終わり」について語ったとき、多くの批判が寄せられた。しかし、彼によって根本的に指摘されたことは今でも有効なのだ。それは、次の二つである。

①政治的には、リベラル・デモクラシーに代わる有効な制度がないこと
②経済的には、資本主義経済に代わる実効的なシステムがないこと

たとえば、2016年に出版された、ドイツの社会学者ヴォルフガング・シュトレーク（1946―）の『資本主義はどう終わるのか』という本を見れば、もしかしたら「資本主義がどう終わるのか」が書いてあると期待するだろう。たしかに、資本主義のさまざまな問題点については、触れられている。世界的に経済成長率が低下することとか、社会の全領域での負債とか、格差の拡大とか3点セットなどが書かれている。これらについては、統計やグラフが示され、なかなか説得的に見えるだろう。ところが、そこから肝心の「資本主義がどう終わるのか」は書かれていないのだ。

その根本的な理由は、シュトレークには、資本主義に代わる代案が出せないことにある。マルクスだったら、「資本主義から共産主義へ」という案を提示することができた。ところが、フクヤマ以後、資本主義に代わるものとして、共産主義や社会主義を打ち出すことができなくなったのである。フクヤマの考えを表現すれば、おそらくこうなるのではないだろうか。

なんのかんの言ったところで、「リベラル・デモクラシー」と「資本主義市場経済」しかないではないか。それ以外に何があるというのか。

フクヤマ以後、アメリカの現代思想が直面したのは、まさにこの問題と言える。もはや、安易な気休めは不可能なのである。

2 グローバリゼーションの進展

リベラリズムからネオ・リベラリズムへ

「歴史の終わり」という表現で、フクヤマは「リベラル・デモクラシー」の勝利を語ったのだが、ここで「リベラル」というのはそもそもどう考えたらいいのか。というのも、一方でロールズが提唱した「リベラリズム」は、深刻な論争にさらされ、内部からも変容が起こっていたからだ。

ところが、他方で、「リベラリズム」に前綴り（ネオ）をつけることで、まったく新たな思想が提示されていた。そうした「新たなリベラリズム」という意味で、「ネオ・リベラリズム」が社会的に浸透していたのである。とすれば、リベラル・デモクラシーと言っても、「ネオ・リベラリズム」が問題となる。

すでに確認したように、この言葉じたいは、フリードマンが1950年代の論文で使ったことがある。しかし、彼はその後で出版した『資本主義と自由』（1962）や、代表作の『選択の自由』（1980）では、「ネオ・リベラリズム」という言葉を使ってはいない。彼にとっては、自分の思想こそが「本当のリベラリズム」であって、アメリカで使われる福祉主義的なリベラリズムは自由主義（リベラリズム）ではないのだ。

では、「ネオ・リベラリズム」という言葉は、どう考えたらいいのだろうか。たとえば、次の文章を見ると、それがジャーナリズムによって社会的に浸透したことが分かるのではないだろうか。

> ネオ・リベラリズムはわれわれの時代の輪郭を形づくっている政治経済のパラダイムである。（……）最初はレーガンとサッチャーに結びつけられたネオ・リベラリズムは、過去20年間〔80年代と90年代〕に政治経済のグローバルな流行として支配的になり、中道及び左派の大部分と右派の政党がこぞって採用するにいたっている。（……）一部の学者と産業界の人々を別にすれば、ネオ・リベラリズムなる言葉はおおむね知られておらず、大衆は使っていない。とくに米国ではそうである。

（チョムスキー『金儲けがすべてでいいのか』／〔 〕は筆者補足部分）

これは、ネオ・リベラリズム批判を展開しているチョムスキーが、1999年に出版した著作の序文であるが、文章はチョムスキー自身のものではない。それでも、「ネオ・リベラリズム」が一般にどう理解されているかは、参考になるだろう。

このように、「ネオ・リベラリズム」という言葉には、さまざまな但し書きがつけられるけれども、「歴史の終わり」以後を考えるとき重要なキーワードである。フリードマンは、彼の政治・経済観を表現するには、「リベラリズム」が適切であると述べながら、次のように語っている。

適切なのは「自由主義（Liberalism）」である。ところが、きわめて遺憾なことに、この言葉はアメリカでは、19世紀の大陸欧州における用法とはかなり違っている。（……）18世紀後半から19世紀にかけて自由主義の名の下に展開された運動は、社会における自由を究極の目標に掲げ、社会の主体は個人であるとした。（……）しかしアメリカでは、19世紀末から、とくに1930年代以降、自由主義あるいはリベラリズムという言葉は、ずいぶん違った意味合いを帯びるようになった。とりわけ経済政策について、それが言える。自由よりも福祉や平等が重視されるようになり、目指す目標を達成するのに、民間の自主的な取り組みよりも国家に頼ろうとするようになった。（……）20世紀の自由主義者は、時計の針を17世紀の重商主義の時代に戻そうとしている。にもかかわらず、真の自由主義者を反動的だと批判したがるのだ。

（フリードマン『資本主義と自由』）

これを読むと、フリードマンがなぜ「ネオ・リベラリズム」を使い続けなかったのか、理解できるだろう。彼にとって、真のリベラリズムは、アメリカで言われる「（福祉主義的・平等主義的）リベラリズム」ではない。むしろ、フリードマンが唱えるリベラリズムこそが、真のリベラリズム（自由主義）と言うべきなのだ。これは、かつての「リベラリズム」の新たな形態というより、むしろ本当の「リベラリズム」というわけである。

ネオ・リベラリズムとは、国家による再分配や福祉や公共サービスを縮小し、規制緩和と民営化などを進め、市場原理主義を貫くことである。資本主義における経済活動の自由を全面的に擁護するという意味で、「真のリベラリズム」を標榜するわけである。

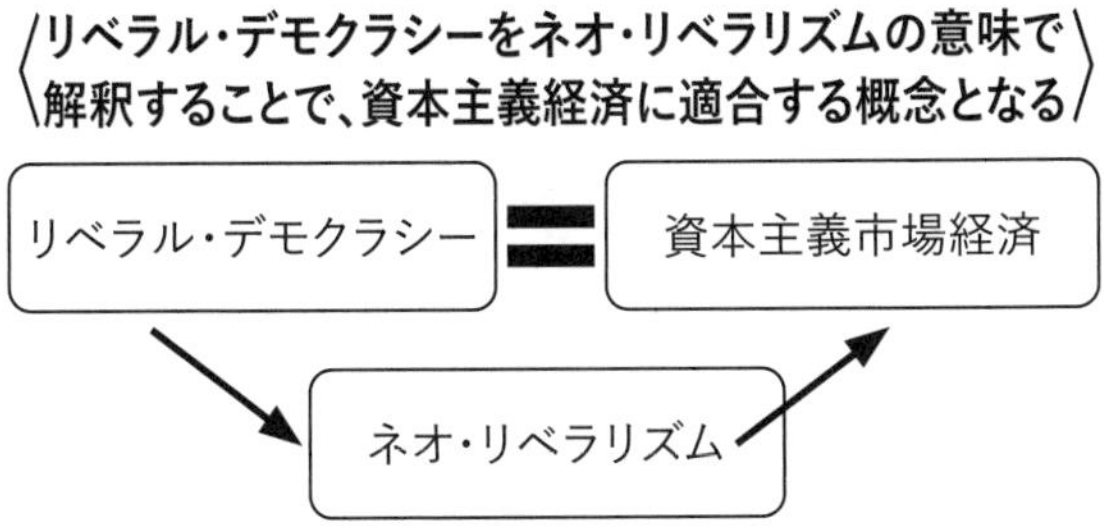

フクヤマが語った「歴史の終わり」について、あらためて図示してみよう。彼は、リベラル・デモクラシーと資本主義市場経済の勝利を語ったのだが、その間に「ネオ・リベラリズム」を入れてみよう。

フクヤマが語った「リベラル・デモクラシー」と「資本主義市場経済」の他に、「ネオ・リベラリズム」を組み合わせたのは、問題をはっきりさせるためである。「リベラル・デモクラシー」を「ネオ・リベラリズム」として理解するならば、資本主義市場経済とうまく適合するだろう。

先進国の中間層の没落

「歴史の終わり」について、もう一つの重要な側面であるグローバリゼーションについても、考えておかなくてはならない。いったい、グローバリゼーションが進展することで、何が起こったのだろうか。

それを確認するため、経済学者のブランコ・ミラノヴィッチ（1953―）が2016年に出版した『グローバルな不平等――グローバリゼーション時代の新アプローチ』（*"Global Inequality:A New Approach for the Age of Globalization"*、邦訳は『大不平等』）を見ておきたい。というのも、この書で分析されているのが、まさに「歴史の終わり」以後の時代だったからだ。ミラノヴィッチは次のように語っている。

本書ではまず、家計調査のデータを用いて、1988年以後に世界で起こった所得分配の最も重要な変化について記述・分析する。1988年という年が出発点として都合がいいのは、これが、ベルリンの壁が崩壊して当時の共産主義経済が再び世界経済に組み込まれた時期と、ほぼ正確に一致するからだ。しかも、この事件のほんの数年前には、中国が同じように世界経済に復帰していた。

（ミラノヴィッチ『大不平等』）

では、この調査から、ミラノヴィッチは何を明らかにしたのだろうか。それが有名な、「エレファント・カーブ」と呼ばれる図である。図を見ていただくと分かるように、グラフは象の形をしているように見えるので、そう呼ばれているが、図の意味を少し説明しておこ

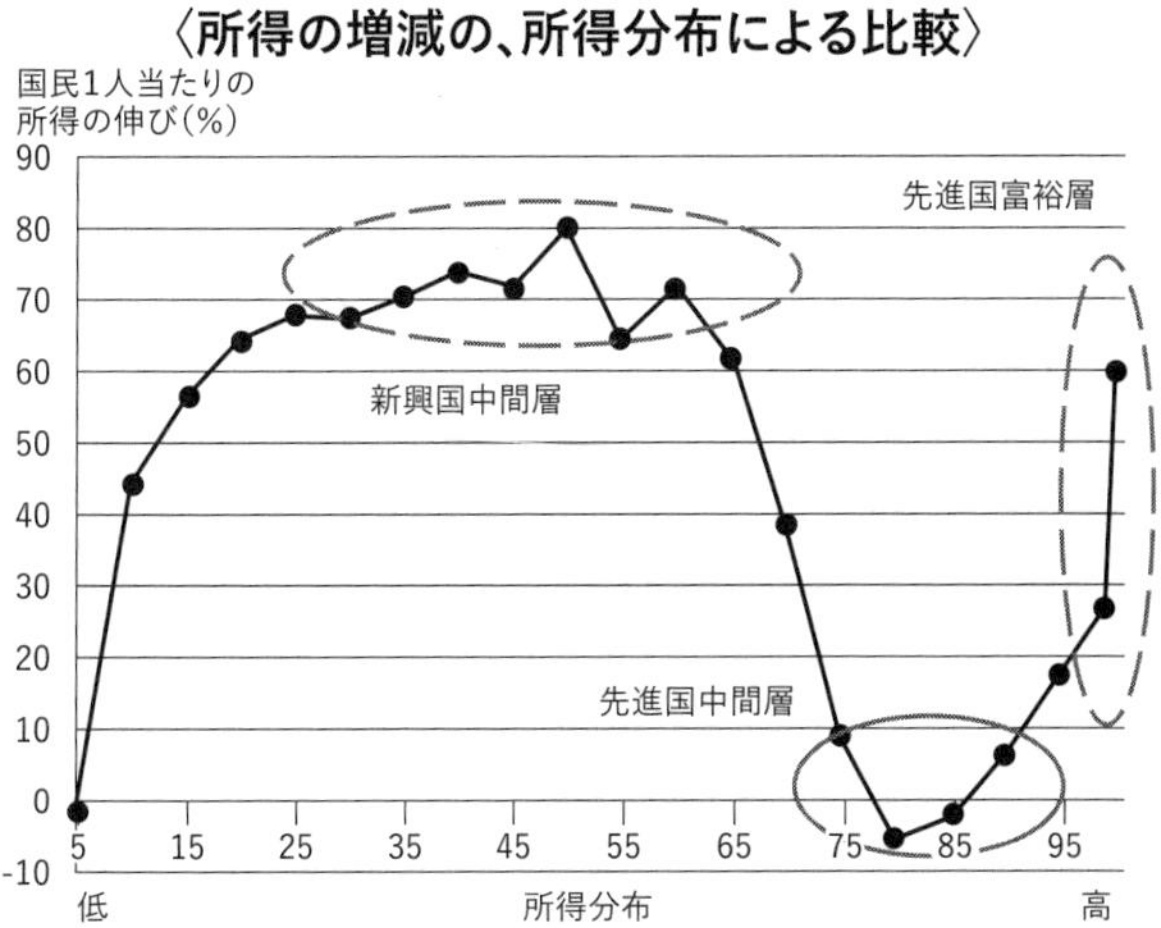

う。

図のヨコ軸には、世界120か国、600の家計調査をもとに、全世界の個人所得が低い方から100分位で並べられている。タテ軸は1988年から2008年までの各所得分位の所得増加率である。所得増加率は、50分位くらいまで増加して、その後は下がり、85分位あたりから再び増加している。

このグラフで分かるのは、三つのことである。一つ目は、新興国中間層の部分である。これは中国やインドのような国の人々で、グローバリゼーションの恩恵を受け、収入を飛躍的に伸ばしている。二つ目は、先進国中間層の部分であるが、ここでは収入が伸びるどころか、むしろ減少しているのが分かる。三つ目は先進国富裕層の部分であるが、この人々は収入が増加している。
こうして見ると、１９８８年以降のグローバリゼーションの進展によって、どこのどんな層が所得を伸ばし、あるいは減らしたのかが一目瞭然になっている。それを今、イギリスやアメリカに限定して考えてみると、その国の中間層にとってグローバリゼーションが収入を増大させなかったことが分かる。ここから、ミラノヴィッチはやや皮肉なことを語っている。

レーガン＝サッチャー革命以後、欧米の政治家は自らの経済圏でも世界でも、もっと市場を信頼するよう求めたが、まさかあれほど自慢げに語ったグローバリゼーションが大半の市民に――ネオ・リベラリズムの政策は保護主義的な福祉体制よりも有利ですよと説得した、その当の相手に――明白な利益を届けられないとは、予想もしていなかっただろう。（同書）

ネオ・リベラルなグローバリゼーションによって、人々は豊かになるはずだった。ところが、先進国の中間層は、グローバリゼーションによってむしろ貧しくなっていったのだ。

国家は消滅するか？――ネグリとハートの『〈帝国〉』

今度は、グローバリゼーションが、国民国家にどんな作用を及ぼすのか、考えてみよう。それを理解するため、こうしたグローバリゼーションに対応するために理論を構築したアントニオ・ネグリ（1933―）とマイケル・ハート（1960―）が、2000年に出版した『〈帝国〉』を取り上げることにしたい。彼らは、「歴史の終わり」後の世界を次のように書いている。

この数十年の間、植民地体制が打倒され、資本主義的な世界市場に対するソヴィエト連邦の障壁がついに崩壊を迎えたすぐのちに、私たちが目の当たりにしたのは、経済的・文化的な交換の、抗しがたく不可避的なグローバリゼーションの動きだった。市場と生産回路のグローバリゼーションにともない、グローバルな秩序、支配の新たな論理と構造、ひとことで言えば新たな主権の形態が出現しているのだ。〈帝国〉とはこれらグローバルな交換を有効に調整する政治的主体のことであり、この世界を統治している主権的権力のことである。

（ネグリ、ハート『〈帝国〉』）

ここで〈帝国〉と呼ばれているのが、何を意味するのかは問題であるが、少なくとも具体的な国家でないことは間違いない。さしあたって、「グローバルなネットワーク」と考えておこう。では、こうしたグローバリゼーションが進展したとき、国家はどうなるのだろうか。ネグリとハートは『〈帝国〉』において、次のように予想していた。

生産と交換の基本的要素――マネー、テクノロジー、ヒト、モノ――は、国境を越えてますます容易に移動するようになっており、またそのため国民国家は、それらの流れを規制したり、経済にその権威を押しつけたりする力を徐々に失ってきているのだ。

（同書）

こうした発言から推測すると、ネグリとハートは、グローバリゼーションの進展によって近代的な国民国家が、「徐々に力を失っていく」と考えているだろう。ところが、ネグリとハートのこうした予想とは裏腹に、国民国家は今日、無効になるどころか、むしろ力を強化しつつある。

たとえば、アメリカにしてもイギリスにしても、グローバリゼーションの進展によって、国民国家が消えていくことを選択していない。イギリスはブレグジットによって、EUに吸収されることを望まなかったし、トランプが大統領として求めたのは、「アメリカを再び偉大にする」ことであった。

ミラノヴィッチが明らかにしたように、先進国の中間層にとっては、グローバリゼーションは有利に働かなかったのである。だとすれば、先進国の人々が、いつまでもグローバリゼーションを求め続けるわけではないだろう。先進国の中間層は、グローバリゼーションの進展に反対し、国民国家の強化に賛意を示すのではないだろうか。

3 歴史の再始動――新たな対立か？

ハンチントンの二つの予言

フクヤマが宣言した「歴史の終わり」は、実現したのだろうか。たしかに、当初はかつての社会主義諸国も雪崩《なだれ》を打ったように崩壊し、資本主義化された。また、戦後長い間分裂していた東西ドイツも統一した。その点では、フクヤマの予言は実現したように見えたのである。

しかし、フクヤマの宣言は、すぐさまほころびを見せ始めたのである。フクヤマにとって、「歴史が終わる」のは、人間間の対立が消失することにもとづいている。それなのに、新たな対立が明確な形をとって現れたのである。こうして、歴史が再始動し始めるわけである。

それについてまず確認したいのは、フクヤマが『歴史の終わり』(1992)を出版した後、サミュエル・ハンチントン(1927-2008)が次の年に『フォーリン・アフェアーズ』誌に論文「文明の衝突か?」を発表したことである。この論文は後に、1996年にいっそう詳細に論じられ、著作『文明の衝突と世界秩序の再創造』(“*The Clash of Civilizations and the Remaking of World Order*”、邦訳『文明の衝突』)として出版されている。

ハンチントンは、フクヤマのような一極的な世界秩序(リベラル・デモクラシーの勝利)といったモデルを退け、七つあるいは八つを数える世界の主要文明へと分類されると考えた。

1980年代に共産主義世界が崩壊し、冷戦という国際関係は過去のものとなった。冷戦後の世界では、さまざまな民族の間の最も重要な違いは、イデオロギーや政治、経済ではなくなった。文化が違うのだ。（……）人びとは自分の利益を増すためだけでなく、みずからのアイデンティティを決定するために政治を利用する。人々は自分が誰と異なっているかを知ってはじめて、またしばしば自分が誰と敵対しているかを知ってはじめて、自分が何者であるかを知るのである。

（ハンチントン『文明の衝突』）

ハンチントンのこうした「文明の衝突」論は、数多くの批判を呼び起こしたが、２００１年の「９・11同時多発テロ」が発生すると、多くの人はハンチントンの予言の正しさを実感するようになった。

また、ハンチントンは２００４年になると、アメリカ国内に目を移して、『分断されるアメリカ』を出版する。この書で彼は、「アメリカのナショナル・アイデンティティ」とは何かを問い、それがいま危機に瀕していることを強調している。その大きな原因となったのが、大量の移民である。以下の文章を読むと、ハンチントンの問題意識が分かるだろう。

アングロ－プロテスタントの文化は3世紀にわたってアメリカのアイデンティティの中心をなしてきた。それこそアメリカ人に共通するものであり、多くの外国人が述べてきたように、他の国民とアメリカ人を区別してきたものでもあった。ところが、20世紀末になると、この文化の顕著性は、中南米やアジアから新しい移民の波が押し寄せたことによって挑戦を受けた。あるいは、知識人や政治家のあいだで多文化主義と多様性を重視する政策が人気を博したことや、アメリカの第2言語としてスペイン語が普及してアメリカ社会の一部がヒスパニック化したこと、人種、民族性、ジェンダーをもとにした集団的なアイデンティティが主張されたこと、国外離散者《ディアスポラ》と彼らの祖国の政府の影響力が高まったこと、エリート層がますます世界主義《コスモポリタン》的でトランスナショナルなアイデンティティをもつようになったことによっても、その優越性は脅かされた。

（ハンチントン『分断されるアメリカ』）

こうして彼は、「アメリカはいずれ二つの言語と二つの文化、二つの民族の国に変わるだろう」と語ることになる。このハンチントンの予言を見ると、その十数年後にトランプがどうして「アメリカ・ファースト！」をスローガンにしたかが、分かるのではないだろうか。

人間とポストヒューマンの対立は始まるか？

21世紀になって主張されるようになった、もう一つの対立を確認しておきたい。それは何と、「歴史の終わり」を主張したフランシス・フクヤマから提示されたものだ。彼は、『歴史の終わり』を出版して10年後、『人間の終わり――バイオテクノロジーはなぜ危険か』(原題『私たちのポストヒューマンな未来――バイオテクノロジー革命の帰結』(“*Our Posthuman Future: Consequences of the Biotechnology Revolution*”)を出版し、新たな対立の可能性を語っている。

本書の目的は(……)現代のバイオテクノロジーが重要な脅威となるのは、それが人間の性質を変え、わたしたちが歴史上「ポストヒューマン(人間以後)」の段階に入るかもしれないからだ、と論じることにある。これが重要なのは、人間の本性(自然)が存在し、しかも意味ある概念として存在し、そのおかげで一つの種としての私たちの経験が安定的につづいてきたからである。 (フクヤマ『人間の終わり』)

フクヤマがこう述べたとき、彼の論拠がどこにあるかは明示されていないが、その意図は明白であるように思われる。つまり、人間間の対立が消失する「歴史の終わり」から、新たな対立が始まる可能性である。その対立は、人間《ヒューマン》とポスト人間《ヒューマン》の対立だ。

〈新たな対立〉

しかしながら、今のところ、バイオテクノロジーによって「ポストヒューマン」が誕生しているわけでもないのに、こうした対立を考えるのは荒唐無《こうとうむ》稽《けい》のSF話に見えるだろう。それにもかかわらず、フクヤマが「ポストヒューマン」について新たな脅威として語ったのは、その根底に「ヒューマンVSポストヒューマン」という人間の対立を想定したからに違いない。共産主義とのイデオロギー的対立には勝利しても、ポストヒューマンをめぐるテクノロジー的対立が新たに生み出されたわけである。

この対立はまだ目に見えるような形にはなっていないかもしれない。ところが、私たちの未来を考えるとき、「重要な脅威」と考えられたのだ。

人間と機械の対立

バイオテクノロジーが人間間に大きな対立を生みだすとすれば、もう一つの可能性も想定する必要があるだろう。というのも、テクノロジーとして今日、人間に最も大きな脅威となる可能性を秘めているのは、バイオテクノロジーと情報テクノロジーだからだ。

たとえば、現在はグーグル社でＡＩ研究の指揮をしているレイ・カーツワイル（１９４８―）が、２００５年に『シンギュラリティは近い』を出版して、コンピュータの知性が人間を超える未来を予想している。

シンギュラリティ〔特異点〕とは何か。テクノロジーが急速に変化し、それにより甚大な影響がもたらされ、人間の生活が後戻りできないほどに変容してしまうような、来たるべき未来のことだ。（……）迫り来る特異点という概念の根本には、次のような基本的な考え方がある。人類が生み出したテクノロジーの変化の速度は加速していて、その威力は、指数関数的で拡大している、というものだ。

（カーツワイル『シンギュラリティは近い』／〔 〕は筆者補足部分）

カーツワイルはこの特異点を、２０４５年と特定しているが、これが大きな批判を生み出すことになった。しかし、その年代は別にして、人間と人工知能という機械が、対立するという状況は、想定できないわけではない。オックスフォード大学の哲学者ニック・ボストロム（1973―）は早い時期から「トランスヒューマニズム」を提唱していたが、2014年に『スーパーインテリジェンス――超絶AIと人類の命運』を出版して、次のような予想を語っている。

いつか私たちが、一般的知性において人間の脳を凌駕する機械の脳をつくるならば、その時にはこの新しいスーパーインテリジェンス（超知性・超知能）はきわめて強大になるだろう。（……）そして、私たち人間という種の運命も、機械のスーパーインテリジェンスの働きに依存することになるだろう。（ボストロム『スーパーインテリジェンス』）

人工知能が人間を凌駕し、人間との対立を引き起こすというのは、かつては荒唐無稽のSF話と見られていた。ところが、今日のテクノロジーの発展を考えると、こうした想定を根拠のない妄想として退けることができないのは、明白になりつつある。

第5章 リバタリアニズムから新反動主義へ

トランプ現象につながったリバタリアニズム

1970年代に、リベラリズムに対抗する形で提唱されたリバタリアニズムは、その後80年代になるとコミュニタリアニズムとの論争の中で、批判されていった。一見すると、リバタリアニズムはノージック以後、理論的にはあまり話題にならなかったように感じられる。ところが、現実世界に目を移すと、リバタリアニズムはその後、さまざまな形を取りながら決定的な作用を与え続けている。その影響は、今日のトランプ現象にまで及んでいると言ってよい。したがって、この章ではリバタリアニズムの広がりを眺めながら、それがどこへ向かっているのか、見きわめることにしたい。

ただし、注意しておきたいのは、リバタリアニズムという呼び名は、それが展開される領域によって、少しずつ変わってくることだ。たとえば、グローバリゼーションを経済的に進めるときは「ネオ・リベラリズム」と呼ばれ、シリコン・ヴァレーのテック企業の思想としては「カリフォルニアン・イデオロギー」と批判され、国内の政治傾向としては「新反動主義」と言われたりする。そのため、事情がよく分からないと、まったく無関係の思想だと受け取られてしまうのである。ところが、これらはどれも、「リバタリアニズム」とみなしてよい。

もちろん、使われる名称が違うのは、それなりの理由がある。時期も違えば、状況や文脈も違っている。さらには、自由の範囲をどの点まで考えるかによって、その主張も違ってくる。したがって、さまざまな呼び方の違いを、単純に等置することはできないが、基本に流れているのは、紛れもなく「リバタリアニズム」である。したがって、それぞれ異なって見える現象を、統一的な観点から捉えておきたい。

まず前提として確認しておきたいのは、１９８０年代になって、グローバリゼーションの進展とともに、レーガンやサッチャーといった指導者たちが、リバタリアン的な政治を行なったことである。規制緩和によって民営化を進める一方で、福祉政策を縮減する政策は、一般的には「ネオ・リベラリズム」と呼ばれることが多い。もともと、この言葉を使ったフリードマンの経済政策がモデルになっていたので、グローバリゼーションとネオ・リベラリズムが結びつけられた。

こうした状況のなかで、最初にリバタリアニズムと結びついたのは、情報テクノロジーの分野だった。アメリカの西海岸カリフォルニアで、情報テクノロジーの新たな可能性を模索していた人々の思想が、リバタリアン的だったのである。カリフォルニアには、少し前のヒッピーとのつながりもあり、自由なライフスタイルを重視する人が多かった。これと、ハッカー思想が結びついて、「カリフォルニアン・イデオロギー」と呼ばれる考えを生みだしたのである。スティーヴ・ジョブズなどをイメージすると、納得しやすいだろう。しかし、「カリフォルニアン・イデオロギー」という名称は、イギリスの研究者たちがつけたもので、いくぶん批判的な意味が込められている。

次に、リバタリアニズムの思想は、21世紀になって、政治思想の新たな方向を切り開きはじめている。それが、「新反動主義」と呼ばれるものだ。リバタリアニズムの原理では、平等よりも自由を尊重することが原則となる。これをさらに進めて、自由にもとづき民主主義を否定する政治思想が台頭している。この政治思想に共鳴する人々は、みずから「新反動主義」と名乗り、一般には「オルタナ右翼」と呼ばれることもある。

そして最後に、こうした「新反動主義」に大きな影響を与えたのが、ニック・ランド（1962—）の「暗黒の啓蒙」思想である。ニック・ランドは上海からインターネットで発信し、アメリカの新反動主義の人々だけでなく、さらには2016年のアメリカ大統領選挙運動中、トランプ派の人にも決定的な作用を及ぼしたのである。「暗黒の啓蒙」は、トランプ派の思想的基盤となっている、とも言われている。

このように見ると、アメリカの現代思想を理解するためには、「リバタリアニズム」をあらためて取り上げ、それぞれの文脈にもとづいてどんな議論が展開されているのか、捉え直す必要がありそうだ。それぞれのリバタリアニズムは、いったい何を主張しようとするのだろうか。

1 リバタリアニズムとテクノロジー

アメリカン・ドリームかカリフォルニアン・イデオロギーか

最初に、リバタリアニズムとテクノロジーの結びつきから確認することにしよう。そのために、これがアメリカ国内とヨーロッパでどう受け取られたのか、その違いを見ることにしたい。

まず確認しておきたいのは、１９９４年に「進歩と自由基金」から発表された論文「サイバースペースとアメリカン・ドリーム：知識時代のマグナカルタ」である。この論文の特徴は、「リバタリアンの象徴的人物アイン・ランド」を援用しながら、個人の自由を擁護して、政府による介入を批判するのだ。

この論文ではまた、自由市場資本主義といったフリードマンの思想を基本に置いている点も、見逃せない。そのため、サイバースペースを最新のフロンティアと捉え、資本主義のダイナミックな競争の促進が提唱されている。

こうして、サイバースペースが、現代の「アメリカン・ドリーム」と理解され、希望に満ちた道だと呼びかけている。こうして見ると、当時進行しつつあったデジタル情報革命に対して、リバタリアンがどんな考えを抱いているか、よく分かるのではないだろうか。

ところが、「カリフォルニアン・イデオロギー」と呼ばれると、印象がまったく違ってくる。こちらは、イギリスのメディア研究者リチャード・バーブルックとアンディ・キャメロンが、1998年に発表した論文である。

この論文は、情報テクノロジーに対してリバタリアニズムが果たした役割を考えるとき、必ず参照される論文だ。タイトルとなった「カリフォルニアン・イデオロギー」について、彼らは次のように説明している。

この新たな教養は、サンフランシスコの文化的ボヘミアニズムとシリコン・ヴァレーのハイテク産業との奇怪な混合から発生した。雑誌、書籍、TV番組、ウェブ・サイト、ニュースグループ、ネット会議で広まったカリフォルニアン・イデオロギーは、ヒッピーたちの奔放な精神と、ヤッピーたちの企業的野心とをふしだらに結びつけている。対極にあるものがこのように融合したのは、新情報テクノロジーの解放的能力が深く信仰されたためであった。デジタル・ユートピアでは、誰もがヒップでリッチになるだろう。

（バーブルック、キャメロン「カリフォルニアン・イデオロギー」）

さらに同論文は、「何よりもまず彼らは、申し分なくリバタリアン的に見える政治形態の、熱心な唱道者だ」と述べている。この思想（「カリフォルニアン・イデオロギー」）によれば、情報テクノロジーの発展は個人の自由を拡張し、国家から干渉されることを拒否しているのだ。

しかしながら、バーブルックとキャメロンが「カリフォルニアン・イデオロギー」と呼ぶとき、実はそれに対する批判的な意図が込められていた。というのも、リバタリアニズムを信奉するカリフォルニアン・イデオローグたちは、個人の自由のために国家の介入を拒否すると主張しながら、実は彼らが進める「ハイパーメディアの開発」には、「納税者たちのドル」が援助されているからだ。国家からの援助をさまざま享受しているにもかかわらず、他方でそれを無視し、国家からの介入・関与を拒否しているわけである。

それにしても、どうしてヒッピーとヤッピーが結びつくのだろうか。「カリフォルニアン・イデオロギー」では、それを「ふしだらな結びつき」と呼んでいるが、そもそも結びついた経緯をどう考えたらいいのだろうか。

ケヴィン・ケリーのヒッピーにかんする回想

その説明をしているのが、ケヴィン・ケリー（1952—）である。彼は、1993年にサンフランシスコで創刊された『WIRED』誌の編集長として、まさに「カリフォルニアン・イデオロギー」をつぶさに見てきた人物だ。そのケリーが、『テクニウム』（2010）のなかで、興味深い回想を語っている。

まず、ヒッピーについて、その生活を次のように述べている。少し長くなるが、貴重な証言なので引用しておこう。

1960年代後半や1970年代初期には、自称ヒッピーたちが何万人も小さな農場や間に合わせのコミューンにシンプルな生活を求めて大量に逃げ出した。（……）私もその中にいた。（……）アメリカの田舎で小さな実験をし、現代アメリカのテクノロジーを放棄して（それが個人主義をダメにすると思えたので）、井戸を手で掘り、粉を引き、ミツバチを飼い、天日で乾かしたレンガで家を建て、必要なら風車や水力発電機なども使いながら、新しい世界を再構築しようとした。宗教に助けを求めた人もいた。（……）共同体はシンプルさが一番だった。問題解決にはまったくテクノロジーが要らないのではなく何かが必要だった。われわれが「相応《ふさわ》しいテクノロジー」と呼んだローテクな解決法が最も成功した。こうした相応しいテクノロジーと、ヒッピーとして意識的にかかわることは、しばらくの間は非常に満足のいくものだった。

（ケリー『テクニウム』）

ケヴィン・ケリー

ここで注目しておきたいのは、ヒッピー生活といっても、テクノロジーをまったく拒絶するのではなく、手作りのローテクが使われていたことだ。これがなければ、その後の展開はあり得ないのである。ではヒッピーたちは、どうしてそこから出て行ったのだろうか。ケリーはこう続けている。

しかしそれは一時のことだった。私も一時編集に加わった『ホール・アース・カタログ（全地球カタログ）』は、当時の何百万ものシンプルなテクノロジーの実験の実践集だった。（……）そこで私が目にしたのは、テクノロジーを熱心に制限しようとすると、いずれは不安になり落ち着いていられなくなる姿だった。ヒッピーたちはせっかく作ったローテクの世界から徐々に離れていった。彼らはドーム型の家から立ち去って、郊外のガレージやロフトに住み、多くの人が驚いたと思うが、小さいことは美しい（スモール・イズ・ビューティフル）で磨いた能力を、小さいことは起業すること（スモール・イズ・スタートアップ）に変えていった。『ＷＩＲＥＤ』誌世代やコンピューターマニア文化（オープンソースのＵＮＩＸなど）はもともと、70年代のはみ出し者のカウンターカルチャーから現れたのだ。（……）私の知っている数えきれないほどの人がコミューンを抜け、シリコン・ヴァレーでハイテク会社を立ち上げた。一文無しから億万長者という今ではお定まりのスティーヴ・ジョブズのような転身だ。（同書）

こうして、ケリーは、ヒッピーの転身を次のようにまとめている。「前世代のヒッピーが〔以前の生活に〕とどまらなかったのは、そうした場所での生活は満足でき魅力的ではあったが、それよりも選択できることの魅力が優っていたからだ。ヒッピーたちも、若者が抱くのと同じ理由で農場を去ったのだ。テクノロジーの可能性が、昼夜となく彼らを招いているというわけだ」（同書／〔　〕は筆者補足部分）。

デジタル・テクノロジーとリバタリアン

ケリーの回想を読むと、当時のテクノロジーそのものが、個々人の自由を実現するように思えたことがよく分かる。つまり、テクノロジーによって、リバタリアン的な経済活動を営むことより、むしろテクノロジーそのもののうちに、リバタリアン的本質を認めたわけである。

これについては、「カリフォルニアン・イデオロギー」の著者たちも、まったく気づいていないわけではなかった。ケリーのテクノロジー思想そのものについて、次のように述べたからだ。

『ＷＩＲＥＤ』の総編集長（ケリー）によれば、市場の「見えざる手」とダーウィン的進化の盲目的な力とは、実際には同じ一つのものである。

（「カリフォルニアン・イデオロギー」）

ここで想定されているのは、１９９４年に出版されたケヴィン・ケリー著『「複雑系」を超えて』である。しかし、ケリーの意図としては、「市場経済」が中心問題ではなかった。むしろ、テクノロジーが作り出すシステムそのものが、生物のように見られていたのである。

私は1994年に『「複雑系」を超えて』という本を出版し、その中でテクノロジーを駆使したシステムが自然のシステムを模倣し始めている様を長々と探った。自己増殖するプログラムや触媒作用をもつ合成化学物質、それにまるで細胞のように自分で構造化する原始的なロボットまで紹介した。（……）コンピュータ科学者は進化の原理を使って、人間が書くには難しすぎるプログラムを育成している。

（『テクニウム』）

こうしたテクノロジーの総体を、ケリーは「テクニウム」と名づけ、その運動を描こうとしている。そのとき重要なこととは、個々のテクノロジーがそれぞれ自律的でありつつ、それ以外のテクノロジーと結びつき、全体として一つの生物のように動くことだ。

したがって、もし「リバタリアニズム」を語るとすれば、こうしたテクノロジーの動きこそがまず語られるべきである。言ってみれば、テクノロジーそれ自体がリバタリアン的であるのだ。こうしたテクノロジーのうちに、リバタリアン的側面を見たからこそ、カリフォルニアン・イデオロギーは形成されたと言える。

2 リバタリアニズムと新反動主義

リバタリアンの起業家ピーター・ティール

20世紀末に、カリフォルニアン・イデオロギーと揶揄されたリバタリアニズムは、21世紀になると新たな方向へ歩みだすことになる。それを鮮やかに見せたのが、「シリコン・ヴァレーの頂点に君臨する」と言われるピーター・ティール（１９６７―）である。

ご存知だとは思うが、あえて紹介しておくと、インターネットを利用した決済サービス「PayPal（ペイパル）」の創業者で、テスラ社のイーロン・マスクとも親交が深く、フェイスブックを最初期から支えた投資家である。

彼は、スタンフォード大学で哲学を専攻し、その行動には思想的な裏づけがあった。大学でも講義し、その内容は『ゼロ・トゥ・ワン』として出版され、日本でもよく知られた超大物投資家である。その彼が、政治的にとりわけ注目されるようになったのは、２０１６年にトランプが大統領候補として選挙活動を行なっていたとき、トランプ支持を打ち出したことだ。それまで、トランプを支持するハイテク業界の有力者はいなかったが、ティールが支援することで流れが大きく変わったのである。

このとき、ティールが依拠していたのが、「リバタリアニズム」だった。そこで、ティールのトランプ支援の根拠を探るために、彼が考える「リバタリアニズム」がどんなものか、明らかにしよう。そのために取り上げるのが、リバタリアンのシンクタンク「ケイトー研究所」から出されているティールのエッセイである。タイトルは「リバタリアンの教育」で、2009年に執筆されたものだ。

これを見ると、ティールの行動に潜む思想がどのようなものか、理解できるだろう。それとともに、ちょうどそのころ姿を現しつつあった「新反動主義」との関係も明らかになるはずだ。

そのエッセイでティールは、10代のころから「リバタリアン」であったことを告白している。リベラリズムのような「税金の厳しい取り立て」や「全体主義」には強く反対してきた、と語っている。このあと、彼は決定的なテーゼを述べている。

最も重要なことは次のことだ。私はもはや、自由と民主主義（デモクラシー）とが両立する、とは信じていない。

（ティール「リバタリアンの教育」）

今まで、自由と民主主義は、「リベラル・デモクラシー」という形で、一体のものとして考えられてきた。ところが、ティールはこの一体化を切り離し、自由のために民主主義を批判するわけである。もちろん、この短いエッセイで、ティールが民主主義をどう批判するかについては、ほとんど明らかにされていない。

驚くべきは、彼が「私たちの世界には、本当に自由な場所は存在しない」と考えていることだ。そのため、彼は「政治を通して脱出することではなく、政治を超えて脱出すること」を課題にしている。

ピーター・ティール

そこで、「自由のための新たな空間」を生み出す可能性として、三つのテクノロジーを示している。その一つ目が「サイバースペース」、二つ目が「宇宙空間」、三つ目が「海上自治都市」である。これを見ると、イーロン・マスクが宇宙開発企業を設立したのも、頷《うなず》けるだろう。彼らにとって、「サイバースペース」は、不自由な世界から脱出するための、一つの自由な空間だったのである。

しかし、どこに脱出するかは別にして、ティールが民主主義を批判し、リバタリアンを宣言したのは重要である。民主主義は、平等性を原則にしているので、女性差別や民族差別とは対極に立つ。ところが、民主主義が批判されると、こうした差別はどうなるのだろうか。

民主主義に叛逆するリバタリアン：カーティス・ヤーヴィン

こうしたティールのリバタリアニズムと、いわば共同戦線を張るように展開されたのが、ティールの知人でもあり、シリコン・ヴァレーの企業家であるカーティス・ヤーヴィン（1973—）だ。彼は、ウェブ上でメンシウス・モールドバグという筆名を使い、過激な議論を展開していた。特に注目すべきは、リバタリアニズムの立場から、民主主義を厳しく批判する議論を次々と発表したことである。

ヤーヴィンが民主主義に反対して、提示した国家は「新官房学（ネオカメラリズム Neo-cameralism）」と呼ばれるものである。これは、18世紀のプロイセンのフリードリヒ2世が行なった統治法から命名されたものだ。

カーティス・ヤーヴィン

新官房学からすれば、国家は一つの国を所有するビジネスとなる。他の大規模なビジネスと同様に国家は、形式上のその所有者、それぞれが国益の正確な一部分と名に対応するような流通性のある株式へと分割するかたちで経営されるべきものとなる（よって首尾よく機能している国家は、多くの収益を生むものになる）。それぞれの株式には一票の投票権があり、株主は経営陣の雇用や解雇を決定する役員を選出する。このビジネスにおける顧客はその住人である。収益を生み出すものとして経営される新官房学的な国家は、他のビジネス同様その顧客に対し、効率的で効果的なサービスを提供する。したがって、統治の不振は経営の不振を意味することになる。

（モールドバグ「政治的自由に抗して」）

ここでポイントになるのは、国家の運営がビジネスとなることである。企業が利益を生み出すことを目指すように、国家の運営でも収益を生み出すことが重要だ。そのため、国家の運営は、企業の運営と同じように、民主主義という非効率なシステムを採用しないのである。

また、ヤーヴィンは、民主主義を「大聖堂（The Cathedral）」と呼び、社会における「支配的な存在」と見なしている。それが「大聖堂」と呼ばれるのは、民主主義という思想がいわば宗教性を帯びて、あたかも神のように人々の信仰の対象となっているからである。今日、世界のほとんどの地域で、民主主義は「惑星規模の神学」にまで高められている。

こうした民主主義の問題が、もっとも先鋭的に現われるのが、「人権」ないし「人種差別」に対してである。リベラルで民主的な考えによれば、人間は生まれながらに平等であり、人種の違いで差別されることは許されない。このように見ると、民主主義が、現代社会ではいわば自明な前提のように見なされ、異を唱えることなど不可能なように思われていたことが分かる。

このいわば世界の常識に対して、リバタリアンであるヤーヴィンは、公然と対立したのである。たとえば、彼がどんな国家をイメージしているかは、次の文章を見るとよく分かるだろう。

完全な新官房学的なアプローチはいまだ試みられたことがないが、歴史上それに最も近いものとしては、フリードリヒ大王に代表されるような18世紀の啓蒙的な絶対王政の伝統や、香港や上海やドバイといった、かつての大英帝国の断片に見られるような21世紀の非民主主義的伝統が挙げられる。こうした国家は、有意味なものとしての民主主義をまったく伴わないままに、市民たちにたいして非常に質の高いサービスを提供している。犯罪率はきわめて低く、個人や経済の自由は高いレベルにあり、全体として今後も繁栄していく傾向にある。政治的な自由度のみ低いが、しかし政府が効率的で安定したものである場合、政治的な自由などあきらかに重要なものではない。（同論文）

リベラル・デモクラシーの伝統からすると、「非民主主義」を問題とはせず、むしろ「国家が個人や経済の自由」を保証するなら、民主主義のような非効率的なものは必要ではない、というヤーヴィンの主張は常識に反しているように見えるだろう。それにもかかわらず、彼の記事は多くの賛同者を生み出すことになった。

新反動主義

こうした、反民主主義的で、反平等主義的な思想は、リバタリアンの学者アーノルド・クリングによって「新反動主義（Neo-reactionary）」と呼ばれることになった。略称として、「NRx」が使われることもある。もう一つ、それに類した言葉として、リチャード・スペンサーが命名した「オルタナ右翼 Alternative Right」もあり、略語として「alt-right」が使われる。

厄介なのは、同じ人物や思想を指して、「新反動主義（者）」とされたり、「オルタナ右翼（主義者）」とされたりすることだ。いずれの言葉も、最近になって使われ始めたもので、伝統的な用法とは言えない。

しかし、はっきりしているのは、どちらの言葉を使うにしても、リベラル派の民主主義を批判し、リバタリアン的な自由を擁護することだ。また、「新反動主義」が使われるときは、カーティス・ヤーヴィンやニック・ランドが中心であるが、「オルタナ右翼」はもっと広い範囲を指している。

また、「オルタナ右翼」ということが語られるとき、基本的には共和党系の従来の傾向と対比されている。その一つは、ブッシュ大統領のときに注目された新保守主義「ネオコンサヴァティズム（ネオコン）」と、もう一つは旧来の保守主義「ペイリオコンサヴァティズム（ペイリオコン）」である。こうした二つの保守主義と対立して現われたのが、「オルタナ右

〈三つの保守主義〉

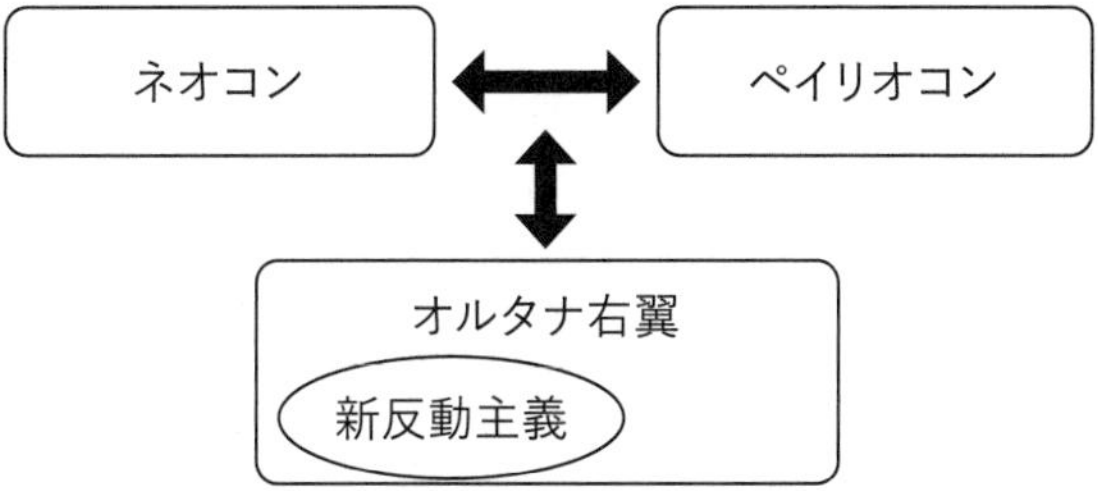

翼」である。

アメリカで、リベラルに対抗する形で保守主義思想が形成されたのは、１９５０年代からである。その保守主義の中で、１９８０年代ごろから明確な形で対立したのが、「ペイリオコン」と「ネオコン」と略称される思想（Paleoconservatism、Neoconservatism）だ。いずれも、ギリシア語由来の接頭語をつけ、「旧保守主義」と「新保守主義」と訳されている。「ペイリオコン」は、小さな政府・移民制限・保護貿易主義・孤立主義を唱える。それに対し、「ネオコン」は、同じように小さな政府を標榜し、経済的自由主義を求めるが、国際的にはむしろ自由貿易やグローバリゼーションを推進する。そのため、海外への軍事介入も辞さない。これに対して、２０１０年代から登場した「新反動主義」は、近代的な民主主義や平等思想をも批判している。

オルタナ右翼にしても、新反動主義にしても、その広がりは主にウェブ上での発言であり、インターネットを中心に大きな影響を与えている。これは今までのやり方とは、まったく違っている。

3　暗黒の啓蒙

カーティス・ヤーヴィンからニック・ランドへ

２００７年頃から展開されていたヤーヴィンの議論に着目し、それをさらに先へ進める形で発表されたのが、「暗黒の啓蒙」と題されたニック・ランドのウェブ上の連載論文である。ランドはもともと、イギリスの大学に勤めていた研究者だったが、１９９８年に大学を辞職して中国の上海に移り住んでいた。

その後ランドが一躍注目されるようになったのが、２０１２年の3月から7月にかけて発表した一連の論稿である。この論稿は、最初からアメリカの読者を想定しただけでなく、アメリカの政治にも深く関与するようになる。トランプが２０１６年の大統領選挙運動で活動するとき、その周りの人々に大きな影響を与えたのが、ランドの思想だったのである。ランドの思想を取り上げなくては、トランプ時代に何が起こったのかを理解することができないだろう。

まず、ランドが「暗黒の啓蒙」において、基本的にどんな立場に立つのか、確認しておきたい。ランドは一連の論稿の冒頭で、次のように語っている。

啓蒙とは一つの状態であるだけでなく、一つの出来事であり、一つのプロセスである。18世紀のヨーロッパ北部に集中して生じた歴史的な出来事に対する呼び名である啓蒙は、近代の起源と本質をはっきりと捉えたものであり、（……）「啓蒙」と「進歩的な啓蒙」の間には、ほとんどとらえようのないわずかな違いしか存在しない。というのも、啓蒙の光があたりを照らすプロセスは時間の前後関係を生み、（……）そしてその光はかならず、それ自体にたいして注がれることになるからだ。つまり啓蒙とは、それ自体にたいしてその正当性を与えていく性格をもったものであり、その啓示はかならず、「自ずから明らかなものなのである。」（ランド「暗黒の啓蒙」）

分かりやすく表にしてみよう（次頁）。

〈ランドの思想と、従来の西洋社会の比較〉

西洋社会	ランド
近代	超近代
啓蒙	暗黒の啓蒙
民主主義	自由
進歩主義	反動主義

ここで分かるように、ランドは「啓蒙＝民主主義＝進歩主義」のような近代社会そのものを解体しようとしたのである。したがって、民主主義に対して、一つの政策というよりも、近代という時代を縛っている病のようなものだと批判する。私たちはこの病にかかり、患っているのである。

ランドがなぜ民主主義を批判するかと言えば、その理由は明示されていないが、基本的に二つあるだろう。一つは、民主主義を「衆愚政治に他ならない」と見なし、「騒乱や諍《いさか》いの見世物」と考えるからである。ランドにとって、大衆は「ルサンチマン（逆恨み）」に満ち、「合理性を欠いた暴徒」である。大衆の熱狂から、民主主義が専制政治になることは、よく知られている。もう一つは、人間の平等性に賛成しないからである。「人間は平等ではない、彼らは平等に育ちはしない、それぞれが目指す場所や成し遂げることは平等ではない、そしてなにものも彼らを平等にすることなどない」。

〈ランドの主張は人種差別と結びつく?〉

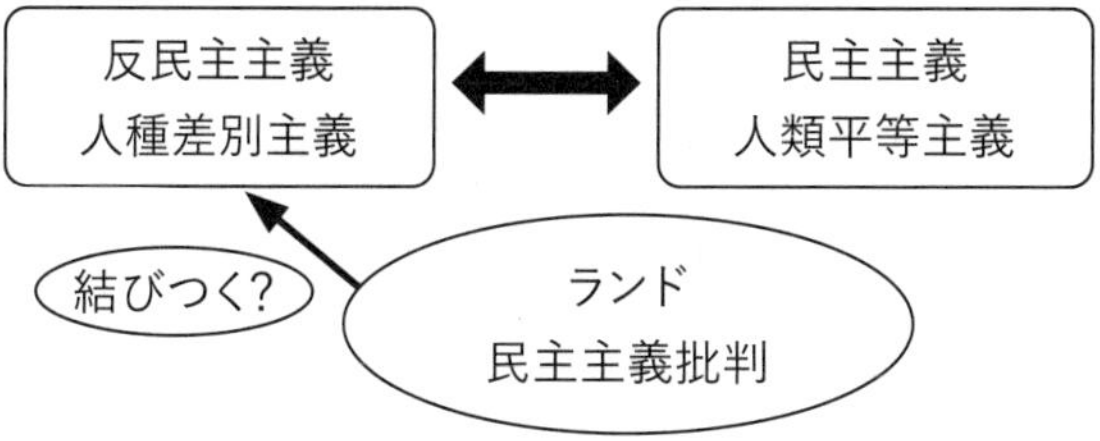

では、民主主義に対する批判は、何を問題にするのだろうか。その最も緊急な問題が「人種問題」であるのは、実際の社会状況を見ても分かるだろう。

白人ナショナリズム?

そのため、「暗黒の啓蒙」でも、「人種問題」に最も議論が割かれている。全体のおよそ4分の3が、この問題なのである。「人種問題」について、ランドがこれほど多く語る必要があったのは、民主主義の批判が白人ナショナリズムに陥るかもしれないからである。白人ナショナリズムというのは、白人至上主義の考えにもとづいて、他の有色人種を排除するものである。一方で、民主主義はかつての人種差別を乗り越え、人類の普遍性にもとづく平等性を主張する。これは、現代社会では、ほとんど否定できない「公理」とも見なされている。

したがって、民主主義を批判すると、人種差別主義者と見なされるかもしれない。その難しさについて、ランドは次のように語っている。

アメリカにおける人種問題とは白人による人種主義だと見なすのが、ステレオタイプ的なリベラルの立場であり、それを黒人による社会機能の妨害だと見なすのが、リベラルと厳密に対をなすところの保守の立場なのだと言える。（……）人種にかんするリベラルと保守の立場の間には均衡などまったく存在せず、ほとんど保守にとって壊滅的な敗北といえるような状況だけが見られる。（同論文）

じっさいのところ、人種問題が起こると、非があるとされるのは、たいてい白人であり、黒人の人権擁護だけが叫ばれる。しかも、この問題が、人権の普遍性を宣言した民主主義の根本にある、と見なされる。こうして、民主主義の擁護は、さまざまなマイノリティの権利を擁護することへつながり、さらには「ポリティカル・コレクトネス」へ向かう。

これに対するランドの戦略は、多様な人種の統合や平等に向かうのではなく、むしろ「分裂や逃走」を求めることだった。具体的には、「分離主義」であり、融合や調和といった考えから遠ざかろうとする。「英語圏における自由の未来は、分離という展望以外にないといだろうか。

うものだ」。

こういえば、白人ナショナリストたちは喝さいするだろうが、これは差別主義とは違うのだろうか。

加速主義という思想

このためにランドが打ち出すのは「生物工学的な地平へのアプローチ」である。ランドの思想は、加速主義と言って、人間の欲望を抑制したり、規制したりすることではなく、むしろ加速させることだ、と主張する。そのために、さまざまなテクノロジーを活用することを全面的に肯定する。

生物工学について言えば、１９７０年代以降遺伝子組み換え技術が導入され、生物の種を変える可能性も出てきている。こうして出てきたのが、人間の種を変えていくという、「トランスヒューマニズム」の思想だった。以前から、ランドはトランスヒューマニズムだけでなく、人間のサイボーグ化やアンドロイドには共感していた。種の限界に踏みとどまるのではなく、それを超えていくことが、加速主義者として目指されていた。

この考えが、人種問題にも適用されるわけである。具体的には、遺伝子を改変することで、人間のアイデンティティを動的なものにすることが目指される。白人ナショナリズムとは、白人としてのアイデンティティ（生物的同一性）に執着することだ。しかし、生物工学的に介入することで、永遠不変のアイデンティティを改変できたらどうだろうか。こうして、「生物工学的分離主義は人種問題からの出口へと向かう」わけである。

生物工学的な地平へとアプローチすることで、分離主義ははるかに広く、そしてはるかに怪物的な方向性を引き受けることになる――すなわちそれは、新たな種の形成へと向かっていくのだ。（同論文）

こうしたランドの戦略が、どこへ向かっているかは分かるだろう。多様な人種の違いを否定し、人類の平等性を主張すること、すなわち民主主義を強調することではない。むしろ、人間の多様性や差異を認め、さらに分裂することによって、人間の限界を超えていくこと、これが加速主義者としてのランドの戦略である。

第6章

リベラル・デモクラシーは社会主義で乗りこえられるか？

社会主義に好感をもつ人々が増えている

リベラル・デモクラシーを超えるやり方は、リバタリアンにもとづく「新反動主義」だけだろうか。２０１６年、および２０２０年のアメリカ大統領選を見ていると、トランプ陣営でなく、対立する側でも今までにはなかったような、新たな動きが出てきているのが分かる。

たとえば、２０１９年の10月に行なわれたインターネット調査（YouGov）の驚くべき結

〈アメリカにおける世代の呼び名〉

Z 世代	：	1997年以降に生まれた人々
ミレニアル世代	：	1981年～1996年生まれの人々
X 世代	：	1965年～1980年生まれ
ベビー・ブーマーズ	：	1946年～1964年生まれ
サイレント世代	：	1928年～1945年生まれ

果が、世界中を駆け巡った。というのも、「ミレニアル世代の70％が社会主義者に投票するだろう」と回答したからだ。

ここで、しばしば出てくるアメリカの人々の世代の呼び名について、確認しておくことにしよう（上記の表）。

興味深いのは、社会主義に対する考えが、世代によって大きく変わることだ。２０２０年の調査では、「社会主義」に対して、好感をもっている人々の世代間の違いが、３年間の推移として表されている（次頁の表）。ちなみに、下に「資本主義」に対する推移も示しておくが、こちらは２０２０年のみである。

これを見ると、ミレニアル世代では、社会主義に対して好感をもつ人の割合が他の世代に比べ、高いことが分かる。しかも、資本主義と比べても、社会主義の方が高いのだ。これは驚くべき結果ではないだろうか。現在、20代から30代のアメリカの人たちは、社会主義に対して好感度をもっている、

〈世代間での好感度の違い〉

「社会主義」という言葉に好感をもつか					
	Z世代	ミレニアル	X世代	ブーマー	サイレント
2018年	48%	50%	43%	37%	18%
2019年	40%	49%	33%	29%	25%
2020年	49%	47%	39%	34%	27%
「資本主義」という言葉に好感をもつか					
2020年	52%	43%	58%	62%	69%

となるからだ。

とはいえ、この調査の数字が、はたしてアメリカ国民全体の社会主義擁護を示しているかどうかには、注意が必要であろう。というのも、同じ調査を「ギャラップ」も２０１０年から２０１９年までの間に5回行なっているが、肯定的な意見は「35％から39％の狭い範囲にとどまっている」と言われるからである。

しかし、細かな数字を考えるよりも、最近の傾向については、ほとんどの記事がミレニアル世代ないし若い世代が、社会主義に好意的であることは一致していることに注目したい。これは、驚くべきことであろう。というのも、今までアメリカについては、「なぜ社会主義がないのか」という疑問がつねに出されてきたからだ。その点では、決定的な変化が起こっているのは間違いない。

1 若い世代は社会主義を求めているか？

資本主義に代わるものは存在するのか？

社会主義に対するアメリカの変化は、実をいえば世界的な傾向なのかもしれない。というのも、10年ほど前までは、資本主義に代わるようなオルタナティブは、ほとんど思考できなかったからだ。第4章で確認したように、２００８年にアメリカで金融大崩壊が発生し、社会システムを変えるには最も適したその時期に、左翼の大物であるジジェクは「実行可能である代案が示せない」と告白していた。２００８年に示せなかったら、もう永久に示せないのではないか、と思われたのである。

じっさい、イギリスのマーク・フィッシャー（１９６８―２０１７）は２００９年に『資本主義リアリズム』を出して、同じことを語っている。ちなみに、この著作のサブタイトルは、「資本主義に代わるオルタナティブは存在しないのか？（Is there no alternative?）」となっている。これに対して、フィッシャーはこう言い切っている。

「資本主義の終わりより、世界の終わりを想像する方がたやすい。」このスローガンは、私の考える「資本主義リアリズム」の意味を的確に捉えるものだ。つまり、資本主義が唯一の存続可能な政治・経済的制度であるのみならず、いまやそれに対する論理一貫した代替物を想像することすら不可能だ、という意識が蔓延した状態のことだ。

（フィッシャー『資本主義リアリズム』）

現代の資本主義社会は、資本主義だけが存在する唯一の現実であって、それ以外の現実的なものは考えられない、というわけである。資本主義をどんなに批判しても、「その代わりはどうするのか？」と問われたら、答えに窮するのである。この問題を提起したフィッシャーは、２０１７年に自ら命を絶ってしまったが、晩年の頃は「ポスト資本主義的欲望」という講義を行ない、資本主義に代わる方向を探っていたようだ。

こうした状況から考えると、最近のアメリカの変化は、特筆すべきものであろう。そこでは、どんな変化が起こっているのか、確認しておこう。

社会主義を擁護する若者たち

まず、なぜ若者世代が社会主義を擁護するのか、その前提となる事実を確認しておこう。ウェブメディア『ビジネス・インサイダー』（2019・11・07）に五つのポイントが挙げられているので、箇条書きに抜き出しておこう。

（1）若い世代の収入は1974年以降、29ドルしか伸びていない。

具体的には、1974年の年収が3万5426ドルだったのに対して、2017年は3万5455ドルだった。その上の世代に比べ、ミレニアル世代の収入はほとんど増加していない。

（2）大学の授業料は1980年代以降、2倍以上に。

収入があまり上昇していないのに、大学の授業料は高騰しているのだ。その結果、学生ローンの債務が広がっている。これがあるため、アメリカ人の13％が子どもをもたないと決めたという。

（3）住宅価格は40年前より40％近く高い。

収入が伸び悩み、その他の債務を抱える中、高い住宅費のために、貯金をすることができなくなっている。そのため、家を買うための頭金がなく、たとえ家を買ったとしても、住宅ローンの債務に悩んでいる。

（4）医療費が高騰している。

ある調査では、1960年代には146ドルだった1人当たりの平均年間医療費は、2016年には1万345ドルに達している。

（5）ミレニアル世代の半数以上がクレジットカード債務を抱えている。

収入が増えない一方で、住宅費や教育費、医療費が高騰すれば、日々の生活がクレジットカードを使って決済することになる。ある調査では、ミレニアル世代の51・5％がカード債務を抱えている。

こうした要因から、ミレニアル世代に左派寄りの候補への支持が広がっている。

資本主義には限界がある！

そこで、哲学者であるジュディス・バトラー（1956―）が2020年にコロナ禍のなかで寄稿した記事「資本主義には限界がある」を見ておきたい。彼女はジェンダー論でも有名だが、何よりアメリカを代表する現代思想家である。彼女は、コロナパンデミックが広がるなかで、貧困者にとって、この病がいかに差別を助長するかを強調している。こうした状況において、バトラーは２０２０年の大統領予備選挙で、サンダースに投票した理由について、説明している。

私がカリフォルニア州の予備選挙でサンダースに投票した理由の一つは、（……）彼がウォーレンとともに、あたかも私たちが根源的な平等性に対する集団的な欲望によって命じられたかのように、私たちの世界を再想像する方法を開いたからだ。その世界では、私たちが誰であるか、どんな財政的手段をもっているかにかかわらず、生活に必要なものが、医療的ケアも含めて、等しく利用できるようになるだろう。

（バトラー「資本主義には限界がある」）

この箇所で分かるように、バトラーがサンダースを評価するのは、すべての人に、医療的なケアも含めて、必要なものを平等に利用できるようにするという「根源的な平等性（radical equality）」を求めたからである。では、この根源的な平等性は、何を示唆するのだろうか。バトラーは、端的に次のように語っている。

サンダースとウォーレンが他の可能性を提示したので、私たちは自分たち自身を他の仕方で理解するようになった。私たちは、資本主義が私たちのために設定する用語の外で考え、価値を評価し始めるかもしれないことを理解した。（同記事）

これを見るかぎり、サンダースは資本主義の限界の外に人々を誘うわけである。根源的な平等を求めることは、貧困にあえぐ人、医療が十分受けられない人、住居がない人にとっては、希望を与えるものだったのである。

じっさい、２０２０年のある時期までは、サンダースは多くの支持を集め、民主党の大統領候補になるかもしれない、という印象を与えていた。それを察知していたトランプは、ある意味ではこれを歓迎し、次のように言い放っていた。

われわれの社会に社会主義を取り入れようという声に気をつけなくてはならない。アメリカは自由と独立の上につくられた。抑圧や支配、管理の統治ではない。われわれは自由に生まれ、自由であり続ける。アメリカは決して社会主義国にはならないと今夜ここ

〈サンダースの主張とトランプの批判〉

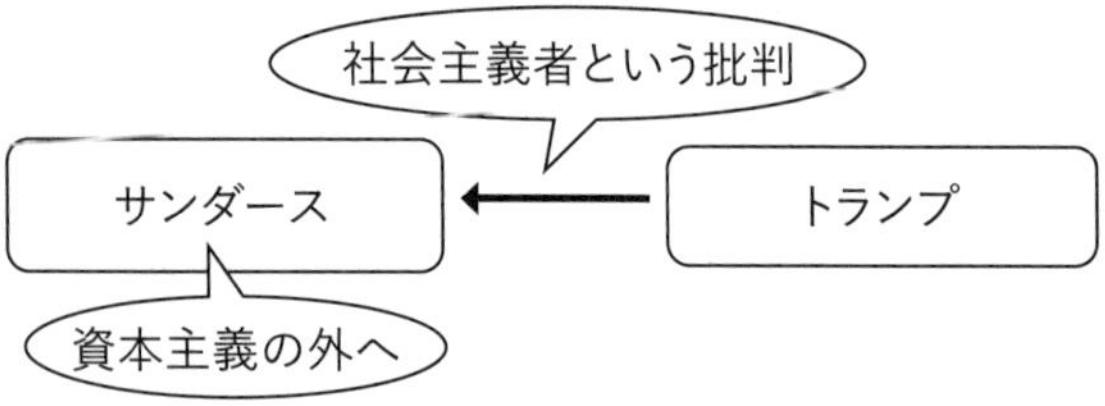

に改めて誓う。（２０１９年2月5日トランプ大統領一般教書演説）

バトラーは、サンダースの根源的平等性への強い主張に共感し、資本主義の外で思考することを読みとっている。対して、トランプはサンダースを社会主義者と呼び、アメリカを社会主義の国にしないように呼びかけている。

サンダースは社会主義者なのか？

しかし、そもそもサンダースは社会主義者なのだろうか。というのも、彼は民主党の候補として立候補しており、どんなに平等性を求めるとしても、あくまでも民主党の枠内のように見えるからだ。

しかし、彼自身は自らを「民主的社会主義者（democratic socialist）」と呼んでいて、社会主義者であることを認めているように思われる。これはもちろん、彼が「アメリカ民主社会主義者（Democratic Socialists of America）」から支援を受けていることにも起因しているかもしれない。

たしかに、国民皆保険と医療費負債の帳消し、大学無償化と学費ローンの帳消し、財源のためにトップ1％の富裕者への課税といったサンダースの方針を見ると、社会主義的に見えるかもしれない。

しかし、これについては、クルーグマンが注意したように、「バーニー・サンダースは社会主義者ではない」と言うべきだろう。

重要なことは、バーニー・サンダースが実際には、通常の意味での社会主義者ではないということだ。彼は私たちの主要な産業を国有化し、市場を中央計画に置き換えようとは望んでいない。彼が称賛したのはベネズエラではなくデンマークである。彼は根本的に、ヨーロッパ人が社会民主主義者と呼ぶものである。――そしてデンマークのような社会民主主義は、実際に、私たち自身の社会よりも自由な社会であり、生活するのにずっといい場所である。

（The New York Times,2020）

クルーグマンのこの批評によれば、「社会主義」をどう定義するかにもよるが、サンダースを通常の意味で社会主義と考えるのは難しいかもしれない。そのため、彼も指摘するように、「社会民主主義（Social democracy）」の方が適切であろう。

しかしながら、彼が「社会主義者」を標榜し、若者たちが「誤解」したことが、逆に彼に対する支持を広げた側面もある。もちろん、トランプのように、その「誤解」に乗じて、国民の恐怖心をあおり、批判することも可能である。したがって、「諸刃の剣」であることはたしかである。

逆に、サンダースが「社会民主主義者」として登場していたら、あまり革新性は目立たなかったかもしれない。その点、彼が「社会主義者」を自称したのは、ラディカルさを目立たせる意味では、評価できるかもしれない。

2 ポスト資本主義の可能性

ポスト資本主義の構想

アメリカで「社会主義」が流行しているのは、必ずしも大統領選挙があったからではない。「ミレニアル社会主義」という言葉も使われているが、アメリカにかぎらず世界的な傾向と言ってよい。とはいえ、旧来の社会主義の復活を願っているわけではないだろう。個人の自由を抑圧し、国家による管理を強化するような社会主義――こんな社会主義は、誰も望んではいない。とすれば、望ましいのはどんな社会主義だろうか。

こうした動きで注目したいのは、「ポスト資本主義」への具体的な構想が、語られるようになったことだ。今まで、資本主義がさまざまに批判されても、「それで、具体的に資本主義に代わる社会はどうするの？」と問われたとき、ほとんど答えることができなかった。ところが、最近になって「資本主義以後」が少しずつ描かれるようになった。その代表が、ポール・メイソン（1960―）が2015年に出版した『ポストキャピタリズム――資本主義以後の世界』である。

この本には、スラヴォイ・ジジェクや『ショック・ドクトリン』のナオミ・クラインなども推薦の言葉を寄せている。今まで、資本主義批判の本は多かったが、「ポスト資本主義」を具体的に描く試みは、ほとんどなかった。その点では、「これまでとは違う真の選択肢を導き出す」というナオミ・クラインの評も、あながち外れてはいないだろう。じっさい、メイソンは、その本のねらいを次のように語っている。

昨今の危機は、ネオ・リベラリズム的モデルの終わりを意味するだけでなく、市場システムと情報を基盤とする経済とのずれが長く存在してきた現れである。私がこの本を書いた狙いは、なぜ資本主義にとって代わることが、もはやユートピア的な夢ではないのか、どうすれば既存のシステムの中で、ポスト資本主義の基盤を描くことができるのか、どうすればポスト資本主義経済を早急に普及させることができるのか、を説明することにある。

（メイソン『ポストキャピタリズム』）

メイソンによれば、「ポスト資本主義」は資本主義よりも優れた持続可能な未来をもたらす、とされる。しかも、「21世紀の中頃までには、実現するに違いない」とまで言われている。これは、カーツワイルが予想した「シンギュラリティ」の時期と符合するが、はたしてポスト資本主義とシンギュラリティが同時にやってくるのだろうか。

ここで、メイソンが「ポスト資本主義」と呼んでいて、「社会主義」や「共産主義」と呼ばないことに注意したい。では、彼はどんな未来社会を考えているのだろうか。

彼が想定しているのは、情報テクノロジーが発達し、情報のネットワークが整備されて、人々が協働したり、共有したりするような「シェアリング・エコノミー（共有型経済）」の社会だ。「ウィキペディア」にヴォランティアで参加するようなイメージだ。彼は、現存の社会との違いを、次のように語っている。

今日の大きな矛盾は、豊富で無料の財や情報の可能性と、モノを個人の所有にし、不足させ、商品化する独占企業、銀行、政府のシステムとの間に存在する。結局は、ネットワークと階層制との対立、そして資本主義を中心として形づくられた古い社会と次に何が起こるか予想させる新しい社会との対立ということになる。（同書）

ここだけ見ると、とくに社会主義的な要素は含まないように見えるが、具体的なプロジェクトを見ると、「金融システムを国有化する」ことが目標とされている。だとすれば、これはれっきとした「社会主義」ではないのだろうか。情報テクノロジーの発展によって、ネットワーク社会が可能になり、シェアリングエコノミーも行なわれている。しかし、こうした「ポスト資本主義」を支えるには、金融システムを国有化し、社会主義国家を確立する必要がありそうだ。しかし、不思議なことに、メイソンは「社会主義」についてはほとんど口を

〈資本主義とポスト資本主義〉

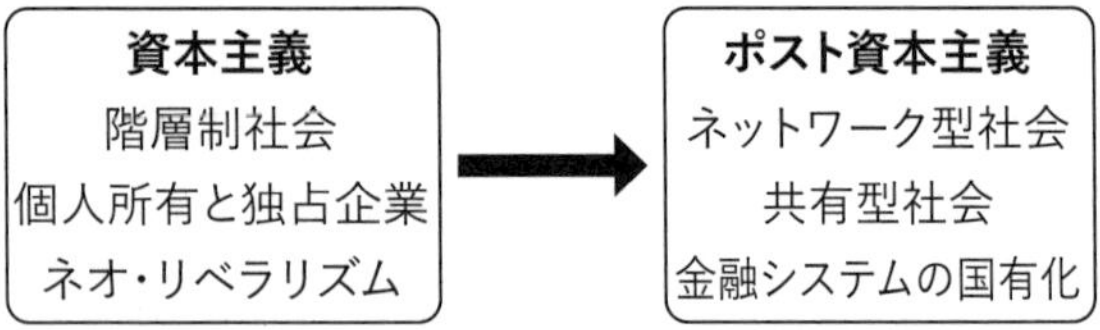

資本主義	ポスト資本主義
階層制社会	ネットワーク型社会
個人所有と独占企業	共有型社会
ネオ・リベラリズム	金融システムの国有化

噤《つぐ》んでいる。

はたして、金融システムを国有化するような「ポスト資本主義」を、ミレニアル社会主義は目指すのだろうか。

スルニチェクとウィリアムズの加速主義

「ポスト資本主義」の構想については、実はもっと若い世代から力強い形で発信されている。１９８２年生まれのニック・スルニチェクと１９８１年生まれのアレックス・ウィリアムズである。彼ら自身がミレニアル世代であるが、２０１３年に「ポスト資本主義」への展望をウェブ上で発表し、若い世代から支持されたのだ。

タイトルは、「#加速せよ：加速主義派政治宣言（#ACCELERATE MANIFESTO for an Accelerationist Politics）」であるが、今ではさまざまな言語に翻訳されている。この宣言について、注目しておきたいのは、「加速主義」という思想である。これは、21世紀になって特定の立場として姿を現すようになった思想で、もともとは「暗黒の啓蒙」

〈二つの加速主義〉

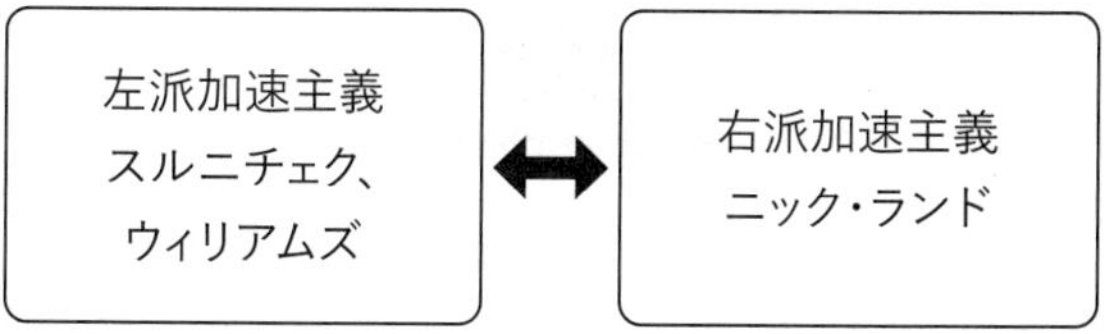

のニック・ランドに由来している。ただ、ランドの場合は、「オルタナ右翼」と結びついたが、それとは違った方向へ加速主義を進めようとしたのが、スルニチェクとウィリアムズである。一般的には、彼らを「左派加速主義」と呼ぶことがある。

やや分かりにくい思想なので、「加速主義」についてかんたんに説明しておくと、次のように表現されている。

> 資本主義に対する唯一のラディカルな応答は、それに抵抗することでも、それを中断することでも、批判することでもない。（……）むしろ、資本主義の根を奪い、疎外し、脱コード化する抽象的な諸傾向を加速することである。
>
> （ロビン・マッカイ／アルメン・アヴァネシアン『加速主義読本』）

ポイントとなるのは、資本主義に反対してその動きを中断させるのではなく、資本主義をドンドン進め、加速して、その先にそれを突き

〈資本主義を加速して、その先に突き抜ける〉

抜けていくことだ。

同じ加速主義といっても、ランドの場合は、超え出るのは「近代デモクラシー」であり、その先は「反-近代デモクラシー」だった。それに対して、スルニチェクとウィリアムズが出て行く先は、「ポスト資本主義」である。そこで、次のように語られることになる。

> ネオ・リベラリズムの形態をとった資本主義が自認するイデオロギーとは、創造的破壊の諸力を解き放つことを通じて、技術的・社会的革新を絶えず自由に加速させていくことなのである。
>
> （スルニチェク、ウィリアムズ「加速主義派政治宣言」）

ここで注意しておきたいのは、加速主義では、資本主義で進化するテクノロジーを全面的に活用することである。「ウォール街を占拠せよ」といった左翼の「素朴政治」を批判しながら、次のように強調される。

左翼は資本主義社会によって可能になったあらゆるテクノロジー的、科学的な成果を利用しなければならない。（同宣言）

左派加速主義の主張は、資本主義のテクノロジーを思う存分活用することによって、資本主義の外、つまりポスト資本主義へ突き抜けていこう、というわけである。たしかに面白い発想ではあるが、具体的にどう考えればいいのだろうか。それを理解するには、彼らが著作として出版した『未来を発明する（*"Inventing the Future"*）』を確認する必要がある。

未来を創造する

そもそも、「あらゆるテクノロジー的成果を利用する」というのは、何が考えられているのだろうか。

彼らがとりわけ注目しているのは、ロボットやＡＩも含めた機械の進化によって人間が労働から解放されることだ。これを彼らは、「ポスト労働の世界」と呼んでいる。しかし、ロボットやＡＩの進化は通常、人間から仕事を奪い、失業させるリスクを高める、と見なされているのではないだろうか。

それに対して、スルニチェクとウィリアムズは、むしろ新たな社会を形成するチャンスと捉えるのである。人間の代わりに、機械（ロボットやＡＩ）が作動し、しかも今まで以上の生産力を生み出すのであれば、むしろ望ましいではないか。その分、人間は労働しなくてもよくなるからだ。人間の代わりに機械が働いてくれる。

このように、労働しなくても、今と同じ、あるいはもっと快適な生活ができるとすれば、「労働なき世界」を批判したり憂慮したりする必要はないだろう。

〔機械の導入による〕自動化とともに、機械がすべての財やサービスをますます生み出すようになり、そうしたものを作り出す労苦から人類を解放するのである。

（スルニチェク、ウィリアムズ『未来を発明する』／〔　〕は筆者補足部分）

こうした見方は、今までの機械（ロボット・ＡＩ）に対する見方を、根本から変えてくれるだろう。機械が導入されればされるほど、人間の生活は楽になるのである。

もちろん、機械化によって望ましい世界が広がるかどうかは、社会変革を起こせるかどうかにかかっている。現状の資本主義のままで、機械化が進むのであれば、労働者たちは失業し、生活の糧《かて》が奪われてしまう。機械脅威論が警告しているのは、まさにこの事態である。
そこで必要になるのが、次のような方針である。

1. 完全な自動化
2. 労働時間の削減
3. ベーシック・インカムの整備
4. 労働倫理の衰退

これを見て分かるのは、ポイントになるのは、「ベーシック・インカム」である。これは、「就労や資産の有無にかかわらず、すべての個人に対して生活に最低限必要なお金を無条件に付与する制度」で、その起源は、16世紀にトマス・モアが『ユートピア』の中で提示したものだ。

ベーシック・インカムが整備されていれば、機械が導入され仕事が奪われたとしても、生活の心配はなくなる。それどころか、朝から晩まで働いていた時間を他に向けることができるだろう。

しかし、労働は大切なものであり、労働がなくなれば、人間は堕落してしまうのではないか、という意見もあるだろう。こうした労働倫理は、すぐさま消滅するわけではない。そこで、次のように語られる。

必要なことは、労働に対する反・ヘゲモニー的アプローチである。つまり、労働の必要性と望ましさといった考え、そして苦役に対する報酬といった考え、こうした現代社会に存在する考えを克服するプロジェクトが、必要なのだ。（同書）

このように見れば、左派加速主義が「ポスト資本主義」としていかなる世界を構想しているのか、理解できるだろう。ＡＩやロボット工学が発展し、人間の代わりに機械が仕事をする世界、こうして人間はもはや労働しなくても生活できるようになる。収入に関しては、ベーシック・インカムが採用され、人間は苦役としての仕事をしなくてもよくなる。これは、「素晴らしい新世界」と呼ぶことができるだろうか。

3　アメリカは社会主義化するか？

ミレニアル社会主義とポスト資本主義

アメリカにおける「ミレニアル社会主義」と呼ばれる現象から始めて、「ポスト資本主義」を提唱する理論を見てきたが、はたしてアメリカは社会主義化するのだろうか？　最後に、この問いを考えることにしよう。

あらかじめ印象にもとづく私見を言っておけば、ミレニアル世代の問題と「ポスト資本主義」の議論とでは、深い溝が広がっているように見える。もちろん、「ポスト資本主義」の論者たちが、ミレニアル社会主義を意識していないわけではない。じっさい、左派加速主義の著者たちは、『未来を発明する』の再版（２０１６）の後書きで、サンダース旋風について言及し、次のように書いている。

私たちはいまどこにいるのか？『未来を発明する』を出版して９か月のうちに、数多くの重要な展開があった。（……）アメリカ大統領民主党予備選挙において、バーニー・サンダースが予想外の躍進をしているが、これは左翼組織に対する今までの期待を転換させるものであった。アメリカにおける社会主義の（再）到来は、西洋世界を超えて、政治的支配権のレベルで広がった分裂を示している。これは現時点の決定的な特徴の一つだ。（……）政治の常識が変わりつつあり、新たな可能性が開かれつつある。（同書）

こうした若い世代が抱える社会的・経済的な不安、困窮した生活、医療的ケアの不足などは、差し迫った変革を求めているように見える。それに対して、「ポスト資本主義」を語る思想家たちの言葉は、遠い未来の話に聞こえるのではないだろうか。

ＡＩやロボットの進化によって、人間が働かなくてもよい世界。ネットワークがいっそう進化し、情報が無料で手にはいるシェアリング・エコノミー。この先に、「ポスト資本主義」が成立すると言われても、日々の生活に追われ、病気や失業の不安を抱えながら生きる人たちにとって、もっと現実的な政策が必要なのではないだろうか。

ひとことで言えば、「マテリアル（物質）」にかかわる問題なのである。「ポスト資本主義」の思想家たちは、無形の情報について力説するが、情報だけで問題が解決するわけではな

〈ポスト資本主義には、マテリアル面の充足が求められる〉

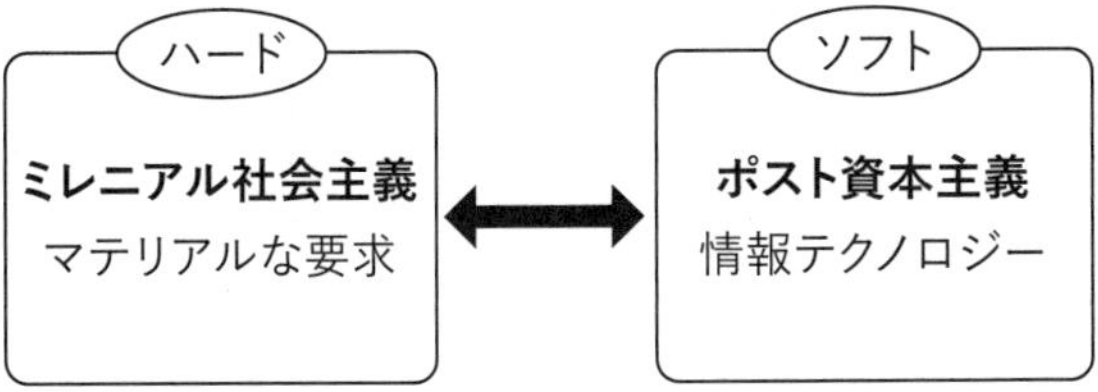

い。マルクスが共産主義論を構想したとき、人間の物質的な生活から出発し、「マテリアリズム（唯物論）」を打ち出したのは偶然ではないだろう。したがって、「ポスト資本主義」を構想するなら、もっと物質的な、現実的な生活にかかわる変革を提示しなくてはならない。これを、ハードとソフトといった表現で、対立を図式化しておこう（上図）。

誤解のないように付言しておけば、情報テクノロジーの話が不要だというわけではない。今後社会の向かう先が、情報テクノロジーに左右されるのは否定しようもない事実である。そのため、情報テクノロジーを拠点にするのは、当然と言うべきであろう。しかし、忘れてならないのは、人間が身体をもち、生存するのに食料を求め、住むためには住居が必要であることだ。この根源的な部分をどう掬い上げ、未来社会論につなげていくかが、課題になるのではないだろうか。

ハラリの予言

しかし、問題はこれだけにはとどまらない。というのも、メイソンにしても左派加速主義にしても、情報テクノロジーの進化が社会主義化へ向かうと想定しているが、この予想には重大な疑義を差しはさむことが可能だからである。たとえば、現代の代表的な歴史家ユヴァル・ノア・ハラリ（1976—）は、テクノロジーの進化が「空前の社会的・政治的不平等を生み出すかもしれない」と言う。したがって、情報テクノロジーの進化＝平等な社会主義という安易な想定は、慎むべきだろう。

しかし、ハラリは、どうしてそうした予想を立てるのだろうか。「ポスト資本主義」をどう評価するにしろ、情報テクノロジーの未来を考えるには、一度は見ておく必要がある。そのために、ハラリの前提を確認しておこう。

ハラリによれば、現代社会でもっとも重要となるテクノロジーとして、バイオテクノロジーと情報テクノロジーが挙げられる。まず、バイオテクノロジーによって、人間は自分たち（の子孫）を遺伝子改良できる人々と、遺伝子改良できない人々に分かれる。遺伝子改良できる人は、能力を高めることによって、特権的なエリート階級となる。そのような存在は

「超人」とも呼ばれ、「ホモ・デウス」とも言われる。

それに対して、遺伝子改良できない人は、能力が低いままである。そして他方で、情報テクノロジーの進化によって、こうした人間たちが従事していた仕事は、ＡＩやロボットに取って代わられ、失業することになる。こうした遺伝子改良ができない能力の低い人たちは、やがて仕事を失った「無用者階級」となっていく。

21世紀の経済にとって最も重要な疑問は、膨大な数の余剰人員をいったいどうするのか、だろう。ほとんどなんでも人間よりも上手にこなす、知能が高くて意識をもたないアルゴリズムが登場したら、意識のある人間たちはどうすればいいのか？

（ハラリ『ホモ・デウス』）

つまり、遺伝子改良した能力の高い人々と、遺伝子改良できない能力の低い人々の対立が激化するのだ。この対立に、ＡＩやロボットがかかわってくる。ハラリの予想は、次のように続けられている。

21世紀には、私たちは新しい巨大な非労働者階級の誕生を目の当たりにするかもしれない。経済的価値や政治的価値、さらには芸術的価値さえ持たない人々、社会の繁栄と力と華々しさに何の貢献もしない人々だ。この「無用者階級」は失業しているだけではない。雇用不能なのだ。（同書）

他方で、遺伝子改良によって能力を高められた人々は、ＡＩなどの情報テクノロジーを駆使して、社会的な支配を強化することになる。現代で言えば、グーグルやフェイスブックのような、巨大な情報テクノロジー企業を考えたら、イメージできるかもしれない。そうして最終的に、ハラリは次のような未来社会を提示することになる。

ほとんどの人はアップグレードされず、その結果、コンピュータ・アルゴリズムと新しい超人たちの両方に支配される劣等カーストとなる。（同書）

ここで、「カースト」という表現が使われているのに、注目してほしい。バイオテクノロジーと情報テクノロジーが発展していくと、遺伝子改良した能力の高い人々と、遺伝子改良

〈テクノロジーの発展がもたらすカースト社会〉

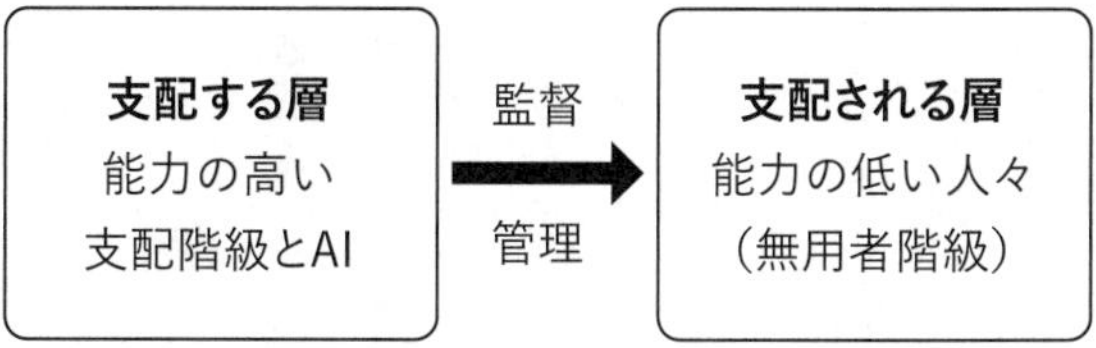

できない能力の低い人々の、「カースト社会」が形成されるわけである。そのため、駆使されるのが、情報テクノロジーである。

ハラリが描く未来予想図を見ると、「ポスト資本主義論」がもしかしたら能天気な想定ではないか、と思えないだろうか。未来社会は、社会主義どころか、カースト社会が待ちうけているかもしれない。

テクノロジーに耳を傾ける（Listen to the technology）

ハラリの未来予想とポスト資本主義論の期待とでは、まったく対立した社会が描かれている。そのため、いずれの見方を信頼するか、揺れ動くかもしれない。しかし、一つだけ共通したことがある。それは、未来社会のあり方に大きな影響を与えるのが、テクノロジーであることだ。もっと限定すれば、バイオテクノロジーや情報テクノロジーである。この二つのテクノロジーにもとづいて、未来社会の予想は可能になる。

しかしながら、ハラリの予想にしても「ポスト資本主義」の議論にしても、テクノロジーを重要視しているが、ともにテクノロジーを外部から見ているにすぎない。取り扱われているテクノロジーも、現在の時点のテクノロジーであり、テクノロジーそのものの進化を想定しないように見える。これでは、せっかくテクノロジーを重視しても、その未来予想はアナクロニズムになってしまうのではないだろうか。

この状況を考えると、ケヴィン・ケリーの発言はぜひとも参照しておきたい。というのも、テクノロジーについて長年携わってきた経験と知識にもとづいて、未来社会について興味ある見解を示しているからである。その基本にあるのは、テクノロジーの進化であり、あくまでもテクノロジーの未来を予見することにある。彼については、第5章でかんたんに触れているが、本人から次のように紹介されている。

私は一九九〇年代に著した本の中で、当時はありそうもなかった（巨大テック企業による）勝者総取りの法則やフリーミアム経済、収穫逓増《ていぞう》の法則などの動きを予測しました。二十年後の大金持ちの一覧には、この法則のおかげで儲けたＩＴ業界の人々が並んでいると予想したのです。数十年経ち、その予測は現実のものとなりました。

（ケリー『5000日後の世界』）

こうした過去の実績は言うまでもないが、もっと重要なのは、今後テクノロジーがどう進化するか、予想していることだ。また、この変化によって、社会がどう変わっていくのか、明らかになる。彼が提唱しているのは、「ミラーワールド」という考えだ。これは、AR（拡張現実）を利用したテクノロジーで、「現実世界の上に重なった、その場所に関する情報のレイヤーを通して世界を見る方法」と説明されている。

これが革命的であるのは、このミラーワールドが今後の社会で巨大なフォームになり、働き方や政府のあり方にも大きな影響を与えることだ。たとえば、こんな風に説明される。

ミラーワールドでは、別々の場所にいる人々が、地球サイズのバーチャルな世界をリアルタイムで一緒に紡ぐ。百万人がバーチャルな世界で共に働く未来が到来するのだ。そこでは、リアルタイム自動翻訳機が活躍し、他言語がしゃべれなくても世界中の人と会話し、働けるようになる。ソーシャルメディア（SNS）に続く、新たな巨大プラットフォームの誕生である。

（同書）

〈プラットフォームの変化〉

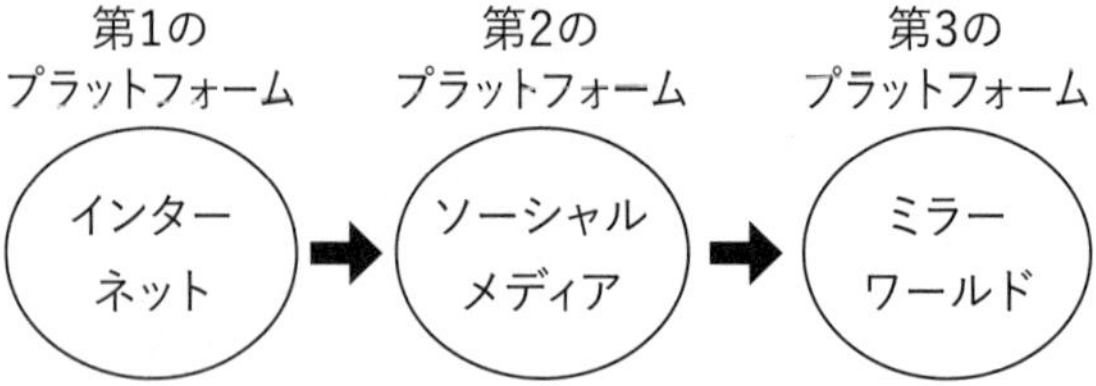

歴史的な変化を確認するために、上のような図式を掲載しておこう。

こうしたミラーワールドの誕生によって、社会がどう変わるのだろうか。ケリーは、テクノロジーだけでなく、経済や産業の変化についても、予見している。たとえば、食の未来やお金の未来、エネルギーや教育の未来など、具体的な問題にも予想を立てている。

もちろん、ケリーの予測に全面的にしたがう必要はないが、彼が示した基本的な視点には、十分配慮すべきだろう。それは、「テクノロジーに耳を傾ければ未来がわかる」ことだ。未来社会を展望するためには、テクノロジーの進化を考えなくてはならない。アメリカが社会主義化するかどうかは、おそらくここにヒントがあるだろう。

アメリカ現代思想　基本書案内

本書で取り上げたアメリカ現代思想の思想家たちの、重要著作（一部論文、寄稿を含む）をまとめて紹介する。本書を読んで興味を持たれた方は、是非読んでみてほしい。

第1部

第1章

・ジョン・ロールズ『正義論』川本隆史、福間聡、神島裕子訳（紀伊國屋書店）
・ロバート・ノージック『アナーキー・国家・ユートピア——国家の正当性とその限界』嶋津格訳（木鐸社）

第2章

・マイケル・サンデル『リベラリズムと正義の限界』菊地理夫訳（勁草書房）
・マイケル・サンデル『これからの「正義」の話をしよう——いまを生き延びるための哲学』鬼澤忍訳（ハヤカワ・ノンフィクション文庫）

・チャールズ・テイラー「アトミズム」田中智彦訳（『現代思想』第22巻5号所収）
・チャールズ・テイラー、スーザン・ウルフ、スティーヴン・C・ロックフェラー、マイケル・ウォルツァー、ユルゲン・ハーバーマス、K・アンソニー・アッピア著、エイミー・ガットマン編『マルチカルチュラリズム』佐々木毅、辻康夫、向山恭一訳（岩波書店）
・ヴェルナー・ハーマッハー『他自律――多文化主義批判のために』増田靖彦訳（月曜社）

第3章

・C・S・パース「我々の観念を明晰にする方法」植木豊訳、『プラグマティズム古典集成――パース、ジェイムズ、デューイ』植木豊編訳（作品社）
・リチャード・ローティ『連帯と自由の哲学――二元論の幻想を超えて』冨田恭彦訳（岩波書店）
・リチャード・ローティ『偶然性・アイロニー・連帯――リベラル・ユートピアの可能性』齋藤純一・山岡龍一・大川正彦訳（岩波書店）
・リチャード・ローティ『プラグマティズムの帰結』室井尚、吉岡洋、加藤哲弘、浜日出夫、庁茂訳（ちくま学芸文庫）
・リチャード・ローティ『アメリカ　未完のプロジェクト――20世紀アメリカにおける左翼思想』小澤照彦訳（晃洋書房）

・ジョン・ロールズ『公正としての正義』田中成明編訳（木鐸社）

第2部

・アンソニー・ギデンズ『暴走する世界——グローバリゼーションは何をどう変えるのか』佐和隆光訳（ダイヤモンド社）

第4章

・アレクサンドル・コジェーヴ『ヘーゲル読解入門——『精神現象学』を読む』上妻精、今野雅方訳（国文社）

・Francis Fukuyama"The End of History?"（「歴史の終わりか？」）
https://www.jstor.org/stable/24027184

・フランシス・フクヤマ『新版　歴史の終わり——（上）歴史の「終点」に立つ最後の人間（下）「歴史の終わり」後の「新しい歴史」の始まり』渡部昇一翻訳・解説、佐々木毅解説（三笠書房）

・ジャック・デリダ『マルクスの亡霊たち——負債状況＝国家、喪の作業、新しいインターナショナル』増田一夫訳・解説（藤原書店）

・スラヴォイ・ジジェク『ポストモダンの共産主義――はじめは悲劇として、二度めは笑劇として』栗原百代訳（ちくま新書）
・ノーム・チョムスキー『金儲けがすべてでいいのか――グローバリズムの正体』山崎淳訳（文藝春秋）
・ミルトン・フリードマン『資本主義と自由』村井章子訳（日経ＢＰ社）
・ブランコ・ミラノヴィッチ『大不平等――エレファントカーブが予測する未来』立木勝訳（みすず書房）
・アントニオ・ネグリ、マイケル・ハート『〈帝国〉――グローバル化の世界秩序とマルチチュードの可能性』水嶋一憲、酒井隆史、浜邦彦、吉田俊実訳（以文社）
・サミュエル・ハンチントン『文明の衝突』鈴木主税訳（集英社文庫）
・サミュエル・ハンチントン『分断されるアメリカ』（集英社文庫）
・フランシス・フクヤマ『人間の終わり――バイオテクノロジーはなぜ危険か』鈴木淑美訳（ダイヤモンド社）
・レイ・カーツワイル『シンギュラリティは近い［エッセンス版］――人類が生命を超越するとき』ＮＨＫ出版編（ＮＨＫ出版）
・ニック・ボストロム『スーパーインテリジェンス――超絶ＡＩと人類の命運』倉骨彰訳（日

本経済新聞出版）

第5章

・Esther Dyson"Cyberspace and the American Dream: A Magna Carta for the Knowledge Age"（「サイバースペースとアメリカンドリーム：知識時代のマグナ・カルタ」）
http://www.pff.org/issues-pubs/futureinsights/fi1.2magnacarta.html
・リチャード・バーブルック、アンディ・キャメロン「カリフォルニアン・イデオロギー」篠儀直子訳（『10＋1』13号）
・ケヴィン・ケリー『テクニウム――テクノロジーはどこへ向かうのか？』服部桂訳（みすず書房）
・Peter Thiel"The Education of a Libertarian"（「リバタリアンの教育」）
https://www.cato-unbound.org/2009/04/13/peter-thiel/education-libertarian/
・Mencius Moldbug"Against Political Freedom"（「政治的自由に抗して」）
https://www.unqualifed-reservations.org/2007/08/against-political-freedom/
・ニック・ランド『暗黒の啓蒙書』五井健太郎翻訳・解説、木澤佐登志解説（講談社）

第6章

・マーク・フィッシャー『資本主義リアリズム』セバスチャン・ブロイ、河南瑠莉訳、堀之内出版
・ヒラリー・ホフォワー「アメリカでは、若い世代の約70%が『社会主義者』に投票したい！
・その背景にある5つの経済的な現実」（『ビジネス・インサイダー』2019,11,07）
https://www.businessinsider.jp/post-201875
・Judith Butler"Capitalism Has its Limits"（「資本主義には限界がある」）
https://www.versobooks.com/blogs/4603-capitalism-has-its-limits
・Paul Krugman"Bernie Sanders isn't a socialist"（「バーニー・サンダースは社会主義ではない」The New York Times）
https://www.nytimes.com/2020/02/13/opinion/bernie-sanders-socialism.html
・ポール・メイソン『ポスト・キャピタリズム――資本主義以後の世界』佐々とも訳（東洋経済新報社）
・Nick Srnicek&Alex Williams"*Inventing the Future: Postcapitalism and A World Without Work*"（『未来を発明する――ポスト資本主義と労働なき世界』）

・ユヴァル・ノア・ハラリ『ホモ・デウス――テクノロジーとサピエンスの未来』柴田裕之訳（河出書房新社）
・ケヴィン・ケリー『5000日後の世界――すべてがAIと接続された「ミラーワールド」が訪れる』大野和基インタビュー・編、服部桂訳（PHP新書）

写真提供：ユニフォトプレス

PHP新書
PHP INTERFACE
https://www.php.co.jp/

岡本裕一朗［おかもと・ゆういちろう］

玉川大学文学部名誉教授。1954年福岡県生まれ。九州大学大学院文学研究科哲学・倫理学専攻修了。博士（文学）。九州大学助手、玉川大学文学部教授を経て、2019年より現職。専門は西洋近現代哲学。
著書に、ベストセラーとなった『いま世界の哲学者が考えていること』（ダイヤモンド社）のほか、『ネオ・プラグマティズムとは何か』（ナカニシヤ出版）、『フランス現代思想史』（中公新書）、『ポスト・ヒューマニズム』（NHK 出版新書）など。

アメリカ現代思想の教室
リベラリズムからポスト資本主義まで

（PHP新書 1294）

二〇二二年一月二十八日　第一版第一刷

著者――岡本裕一朗
発行者――永田貴之
発行所――株式会社PHP研究所
東京本部――〒135-8137 江東区豊洲5-6-52
第一制作部 ☎03-3520-9615（編集）
普及部 ☎03-3520-9630（販売）
京都本部――〒601-8411 京都市南区西九条北ノ内町11
組版――アイムデザイン株式会社
装幀者――芦澤泰偉＋児崎雅淑
印刷所 製本所――図書印刷株式会社

ISBN978-4-569-85113-6

PHP新書刊行にあたって

「繁栄を通じて平和と幸福を」(PEACE and HAPPINESS through PROSPERITY)の願いのもと、PHP研究所が創設されて今年で五十周年を迎えます。その歩みは、日本人が先の戦争を乗り越え、並々ならぬ努力を続けて、今日の繁栄を築き上げてきた軌跡に重なります。

しかし、平和で豊かな生活を手にした現在、多くの日本人は、自分が何のために生きているのか、どのように生きていきたいのかを、見失いつつあるように思われます。そして、その間にも、日本国内や世界のみならず地球規模での大きな変化が日々生起し、解決すべき問題となって私たちのもとに押し寄せてきます。

このような時代に人生の確かな価値を見出し、生きる喜びに満ちあふれた社会を実現するために、いま何が求められているのでしょうか。それは、先達が培ってきた知恵を紡ぎ直すこと、その上で自分たち一人一人がおかれた現実と進むべき未来について丹念に考えていくこと以外にはありません。

その営みは、単なる知識に終わらない深い思索へ、そしてよく生きるための哲学への旅でもあります。弊所が創設五十周年を迎えましたのを機に、PHP新書を創刊し、この新たな旅を読者と共に歩んでいきたいと思っています。多くの読者の共感と支援を心よりお願いいたします。

一九九六年十月

PHP研究所

1149 世界の路地裏を歩いて見つけた「憧れのニッポン」　早坂 隆
1150 いじめを生む教室　荻上チキ
1151 オウム真理教事件とは何だったのか?　一橋文哉
1154 孤独の達人　諸富祥彦
1161 貧困を救えない国 日本　阿部彩／鈴木大介
1164 ユーチューバーが消滅する未来　岡田斗司夫
1183 本当に頭のいい子を育てる 世界標準の勉強法　茂木健一郎
1190 なぜ共働きも専業もしんどいのか　中野円佳
1201 未完の資本主義　ポール・クルーグマンほか［著］／大野和基［インタビュー・編］
1202 トイレは世界を救う　ジャック・シム［著］／近藤奈香［訳］
1219 本屋を守れ　藤原正彦
1223 教師崩壊　妹尾昌俊
1229 大分断　エマニュエル・トッド［著］／大野 舞［訳］
1231 未来を見る力　河合雅司
1233 男性の育休　小室淑恵／天野 妙
1234 AIの壁　養老孟司
1239 社会保障と財政の危機　鈴木 亘
1242 食料危機　井出留美
1247 日本の盲点　開沼 博
1249 働かないおじさんが御社をダメにする　白河桃子
1252 データ立国論　宮田裕章
1262 教師と学校の失敗学　妹尾昌俊
1263 同調圧力の正体　太田 肇
1264 子どもの発達格差　森口佑介
1271 自由の奪還　アンデシュ・ハンセン他［著］／大野和基［インタビュー・編］
1277 転形期の世界　Voice編集部［編］
1280 東アジアが変える未来　Voice編集部［編］
1281 5000日後の世界　ケヴィン・ケリー［著］／大野和基［インタビュー・編］／服部桂［訳］
1286 人類が進化する未来　ジェニファー・ダウドナほか［著］／大野和基［インタビュー・編］

［自然・生命］

1016 西日本大震災に備えよ　鎌田浩毅
1257 京大 おどろきのウイルス学講義　宮沢孝幸
1272 「性」の進化論講義　更科 功